# 心理学与情绪控制

揭示心理秘密　巧妙调节情绪　轻松摆脱烦恼　获得内心宁静

李娟娟 ◎ 著

畅销5版

中国法制出版社
CHINA LEGAL PUBLISHING HOUSE

# 前　言

掌控了自己的情绪，就拿到了开启幸福之门的钥匙；反之，成了情绪的奴隶，沉浸在抑郁、愤怒、焦虑、恐惧、自卑、忌妒、悲伤、沮丧这些负面情绪中无法自拔，也就被卷入了痛苦的黑洞。还有一种情绪值得我们警惕，那就是自我膨胀后的得意忘形，它会将我们置于人生的悬崖边上，向前一步不是黄昏，而是危险的万丈深渊；向后一步虽然不能得到人生的全部，却可以让我们走得更加安稳。

约翰·弥尔顿说："一个人如果能够控制住自己的情绪，那他就胜过国王。"的确，能驾驭自己情绪的人，就是自己的国王，即便不能主宰别人的命运，也可以拥有自己的快乐王国。

如果你的心灵就像天空一样经常被抑郁的雾霾笼罩，不要担心，不经意间的顿悟，就会迎来晴空万里。

如果你脾气不好，也不要那么易怒，因为一生气你就输了。事情以愤怒开始，就会以屈辱结束。

如果你正感到焦虑不安，不管是有理由的还是没理由的，请检查一下：你对自己正在做的事情是否感到了厌倦，有没有拖延的习惯，有没有刻意地追求完美。

如果你被恐惧困扰，不妨记住这样两句话："恐惧是对可能发生但很少发生的事情的想象。""真正勇敢的人不是感受不到恐惧，而是战胜了恐惧。"

人的缺陷并不可怕，自卑也不是无法治愈的顽疾。恰恰是它们为我们的人生注入了原动力，缺陷是用来补偿的，自卑是用来超越的。

忌妒的源头是被冒犯的优越感。所以，不要期望比所有的人都优越，做与众不同的自己就好。

生活中难免会有悲伤的片段，但是请记住："痛苦终将逝去，而美将永存。"

面对挫折，我们都会有沮丧和无助的体验。这时，不妨挺胸收腹，昂首阔步走一遭，扫除沮丧的情绪。

本书介绍了简便易行的情绪调节方法，如适度放松、合理宣泄、自我暗示。借鉴专业的心理疗法对于改善情绪同样有帮助，如系统脱敏疗法、暴露疗法、合理情绪疗法。开卷有益，读完本书后，相信你定会有所收获。

# 目 录

## 第三章　拒绝拖延，不求完美——心理学教你如何缓解焦虑

因为厌倦而拖延，因为拖延而焦虑，如何打破这种恶性循环？尽善尽美是一种理想状态，并不容易实现，就像你不可能每次都考100分。不再追求完美，焦虑就会悄然离开。



## 第四章　恐惧是想象的产物——心理学教你如何消除恐惧

富兰克林·德拉诺·罗斯福说：“我们唯一需要害怕的其实就是恐惧本身。”

20世纪的世界伟人纳尔逊·曼德拉告诉我们：“真正勇敢的人不是感受不到恐惧，而是战胜了恐惧。”

## 第五章　缺陷是用来补偿的——心理学教你如何超越自卑

面对完美的人，我们会感到自卑。但是，其实他们并非如我们想象般完美，同样有缺陷和烦恼。缺陷是用来弥补的，自卑是用来超越的。正因为如此，生命引擎才有了原动力。



## 第六章　做与众不同的你——心理学教你如何驾驭忌妒

忌妒的源头是一个人的优越感被冒犯，感到了他人对自己地位的威胁。试问，谁又能比任何人都优越呢？与其追求虚幻的优越感，不如做与众不同的自己。



## 第七章　相信微笑的力量——心理学教你如何走出悲伤

亲人的逝去，感情的破裂，都会让我们陷入悲伤中无法自拔。在悲伤中，我们要学会微笑，摆脱对他人的心理依赖，开始成长、成熟。正如印象派大师雷诺阿所说，“痛苦终将逝去，而美将永存”。时间会治愈一切。



## 第八章 习得性无助的悲哀——心理学教你如何扫除沮丧

你曾被沮丧和无助的情绪困扰吗？长期的沮丧会演变成习得性无助，让一个人永远是一个失败者的角色。面对拒绝，面对批评，面对挫折，让我们振作起来，不做沮丧情绪的奴隶。



## 第九章 成功者自酿的毒酒——心理学教你如何避免得意

“捧杀”是一种非常高明的手段，能杀人于无形之中。当一个人面对他人的赞美或者纵容的时候，往往很难自持，很容易扬扬得意起来。一个人一旦得意忘形，就会有一种唯我独尊的心理，认为

# 第一章

# 与心灵杀手的战斗——心理学教你如何战胜抑郁

抑郁情绪是心灵的杀手，是时常笼罩在我们心灵天空的情绪雾霾。但雾霾终有散去的一天，某天清晨，拉开窗帘，或许你看到的就是一片湛蓝的天空。所以，不要因为抑郁而绝望，行动起来，让情绪雾霾早一天散去。

# 打垮硬汉的心灵杀手——抑郁

“一个人并不是生下来就要被打败的，你可以消灭他，但就是打不败他。”这是诺贝尔文学奖得主海明威的作品《老人与海》中的一句话。海明威不论是人还是作品总是给人一种硬汉的印象，他用《老人与海》告诉人们要热爱生命，但是却用猎枪结束了自己的生命。

或许这应该是海明威的选择吧。从他的角度看，就是“我可以被杀死，但是不能被击败”。自杀前的海明威的身体状况很糟糕，经常忍受着身体上的疼痛。但这些似乎都不是造成他自杀的根本原因，因为海明威被认为患有抑郁症，正是由于抑郁症才导致了海明威的悲观绝望，乃至自杀。从海明威的个人经历我们就可以看出来，真正导致他自杀的原因并不是身体上的疼痛，而是精神上的痛苦。

海明威的一生是饱受折磨的，年幼之时，他曾经因为摔了一跤，一根木棍穿破了他的扁桃体。还有一次，一个鱼钩意外地刺入了海明威的后背，差点把他变成一条挂在鱼钩上的鱼。但是这些经历对海明威来说都是不值一提的，因为未来还有更大的苦难在等待着他去承受。

1918 年，海明威成了一名军人，并穿梭在枪林弹雨中，有好几次他都与死神擦肩而过。从战场上归来的海明威总是会出一些意外，这些意外把海明威弄得遍体鳞伤。在这些意外中，有好几次海明威都伤到了要害之处，但是他都侥幸活了下来。或许死神已经拿海明威没办法了，所以最后结束海明威生命的不是死神而是他自己。

海明威用他常用的那把猎枪朝着自己的脑袋开了一枪，这次幸运之神没有眷顾海明威，他成功地被这颗子弹带走了。其实真正带走海明威的恐怕是抑郁症，可以说抑郁症就是一个隐藏在黑暗中的杀手，虽然不起眼，但是却很致命。

当然，患有抑郁症的患者并不是都会选择自杀，只有非常严重和走极端的抑郁症患者，才会选择以自杀的方式来结束被抑郁症折磨的痛苦。自杀的行为并不是一时兴起，而是需要一个发展过程的。

日本学者长冈利贞曾经总结过自杀行为产生的一般过程：自杀念头的出现、下定决心自杀、行为出现变化、开始思考自杀的方式、选择自杀的地点与时间、实施自杀行为。

对于一个有抑郁情绪的人来说，或许也会有自杀的念头，但是也只是个念头而已，并不会下定决心去自杀，也不会有接下来的那些烦琐的步骤。所以说，抑郁情绪和抑郁症根本是两码事儿。但是我们也不能因为这样，而轻视抑郁情绪对我们的影响。

一个人有抑郁情绪是一件很正常的事情，这种抑郁情绪通常会遵守一定的规律，既然出现了，也就会消失，但是具体的消失时间却是无法预测的。不仅消失的时间无法确定，就连抑郁症出现的时间也让人一头雾水。

有一个家庭主妇，她本来是一个很开朗的人，而且总是和周围的邻居聊天，似乎总有讲不完的话。但是，一天早晨当她醒过来的时候突然感觉自己跟以前不太一样了，因为她的心情非常低落。从此之后，她再也没有去找邻居聊过天。就连聚会的时候，她也总是保持沉默，好像变了一个人似的。

后来她这种低落的情绪变得越来越严重，已经有轻度抑郁的倾向了。她的丈夫就带她去看心理医生，但是并没有把她的抑郁给治好，她的情绪还是很低落。

最后，她的抑郁变得越来越严重，已经达到抑郁症的程度。可就在这个时候出现了转折性的一幕，她的抑郁症就这样莫名其妙地消失了。她又回到了原来那种快乐的生活中，尽管这已经是好多年后的事情了。

许多心理医生都对这个家庭主妇的抑郁症感到神奇，因为她的抑郁症不仅起因莫名其妙，就连痊愈也让人摸不着头脑。但是不管怎么说，她终于恢复了平静而快乐的生活。

虽然这个家庭主妇的例子不多见，但是她患有抑郁症的经历却和我们抑郁情绪的产生和消失有着很大的相似性。在日常生活中，我们总是会感到莫名的抑郁，而随着时间的推移，这种抑郁情绪也会跟着烟消云散。

或许正是因为这种生活经验，我们似乎都不太重视抑郁情绪，觉得一个人偶尔心情低落一下也没什么大不了的，过一段时间就好了。例如，一个人失恋了，他或许会陷入抑郁中，整个人就像被霜打了的茄子一样，蔫蔫儿的。周围的好友也总是劝告他，想开点儿，时间长了就好了。通常情况下，的确如此，时间真的抹平了一切。

但是需要注意的是，这种低落的抑郁情绪所维持的时间和程度，如果比较严重，就需要接受治疗；如果只是抑郁情绪，那么自我调节就可以了。是否达到抑郁者的诊断标准，需由专业的心理医生来判断。

## 瞬间的自我救赎——灵魂深处的顿悟

酒的酿造有十分悠久的历史，也是文人雅士聚会时经常饮用的东西。人们在表达自己喜悦的时候，会喝酒；在心情不好的时候，也会喝酒。因为酒能麻痹人的神经，所以人们在心情不好，特别是被抑郁情绪所困扰的时候，一般会选择借酒消愁，把醉酒作为一种解脱方式。

但是实际上，正如李白诗句所说的，“举杯消愁愁更愁”，喝酒其实并不能把抑郁赶走，反而会使一个人的抑郁情绪更加严重。

一项有关自杀的调查发现，在这些自杀的人当中有 33% 都有酗酒的经历。这说明酗酒会使一个人的情绪变得越来越低落和抑郁，最后极有可能会导致自杀。所以，一个抑郁症患者如果酗酒的话，他的抑郁症不仅会越来越严重，而且自杀的可能性也会大大增加。

酒精能麻痹一个人的神经，于是这个人就会丧失理智，使一个正常人失去了自控能力。当一个人失去了自控能力后，他所做的一切事情都是随心所欲的，但是这种随心所欲的举动往往会带来严重的后果。

一个患有抑郁症或有抑郁情绪的人，本来就有类似于自杀的自毁倾向。但是由于还有理智的自控能力存在，这种自毁倾向也只是想想罢了，并不会被付诸实际行动。但是如果在这种状况下酗酒的话，那么酒精就会促使你丧失这种理智的控制能力，于是你就很有可能在一时冲动之下，真的把头脑中的幻想搬到现实生活中来，这样你自杀或是做出其他的自毁行为的概率就会大大增加。

所以，一个人如果正处在抑郁的状态中，千万不要借酒消愁，因为这样只会使你的抑郁情绪像脱缰的野马似的，没有了控制，最后受伤害的还是你自己。

另外，如果一个从来没有酗酒习惯的人，突然出现了酗酒的行为，那就一定要注意，或许是因为他的大脑出了某些异常状况。

有一名男子，他是一个性格温和的人，而且很少喝酒，和妻子的关系也非常不错。但是最近，这个男子却突然成了一个酒鬼。现在的他离开了酒好像无法生存下去，而且他的脾气也随着酗酒变得暴躁起来。这些行为让他的妻子觉得难以忍受，于是决定带他去看心理医生。

心理医生首先对这名男子进行了身体检查，让这名男子做了一套动作。通过这套动作心理医生发现，这名男子的左右肢体并不协调，他的左肢体的反应明显过快。因为人的左右脑功能与肢体动作正好是相反的，所以既然这名男子的左肢体动作有问题，那么就说明他的右脑很可能出现了异常。于是，心理医生就建议这名男子去做一个详细的身体检查。

检查的结果与心理医生的预料基本一致，这名男子的右脑部位出现了一个瘤子，体积不大，但是依然影响到了男子的正常生活。这名男子之所以会无故酗酒也是这个瘤子引起的，因为只有不断地摄入酒精，他才不会感到痛苦，而这些痛苦正是这个瘤子所带来的。

后来这名男子做手术把这个瘤子摘除了，他也因此渐渐摆脱了对酒精的依赖。如果不是因为这个摘除手术，他右脑中的那个瘤子只会越长越大，最后他就会变成一个神志不清的人。

所以，在面对抑郁的情绪时，千万不能用喝酒的方式来解决，因为它无法从根本上解决你的问题。而且，突然间出现酗酒习惯的时候，一定要警惕，认真检查是不是身体出现了异常。

在缓解抑郁情绪的时候，可以试着听一些音乐。但是不要听过于伤感的音乐，那样只会雪上加霜，让你的情绪越发低落。你可以选择一些比较能激起你热爱生命的激情的音乐，用音乐唤起求生的本能以及对生命的热爱。

相传一位政治人物在病危之际，为了唤起自己求生的本能，还专门让人为他朗读杰克·伦敦的《热爱生命》这篇文章。正是这篇文章支撑着他与病魔做斗争，因为这篇文章能够唤起一个人求生的本能。

在《热爱生命》这篇文章中，描写了一个美国人为了实现自己的发财梦，决定去西部淘金。但是这个人却遭到了朋友的抛弃，他独自一人行走在广袤的荒原上。最要命的是，他没有食物，没有可以御寒的衣服，而且冬天就要到了。毫无疑问，死神已经瞄准了这个淘金者。后来这个淘金者的腿和脚都受了伤，但是他依然迈着蹒跚的步子继续前进着，因为他要活下去。

由于没有充足的食物，这个淘金者的身体变得非常虚弱，后来一匹饿狼盯上了他，想要把这个虚弱得近乎死人的家伙变成它的午餐。于是，一场生命之争即将展开。

在这场人与狼的斗争中，这个人咬破了狼的脖子，一股温热的鲜血涌进了这个淘金者的喉咙中。后来这个人就把狼吃了，补充了体力。这个淘金者继续挣扎在这一望无际的荒原上，最后被路过的人救起。

这个淘金者创造了生命的奇迹，尽管后来他双腿残疾并且双目失明，但是他留住了最珍贵的生命。这个淘金者回忆道，支撑着他活下去的是一些美好的回忆——他的母亲，还有幸福的童年生活，等等。因为生命是那样美好，他舍不得离开。

支撑淘金者活下去的是他美好的回忆。现实生活中，不论是文学作品还是音乐，往往能对抑郁的人产生不错的效果。所以，在你产生抑郁情绪的时候可以试试这种方式。

# 第二章

# 一生气你就输了——心理学教你如何扑灭怒火

动不动就生气，像火药桶一样碰点火星儿就爆炸，这样可不好，因为一生气你就输了。正如富兰克林所说，“以愤怒开始，以羞辱结束”，生气不但是毫无必要的自我惩罚，还可能使人自取其辱。

# 以愤怒开始——以羞辱结束

海格力斯是希腊神话中一个英雄人物，力大无穷是海格力斯的优点，同时他也是一个脾气十分暴躁的人。这个来自希腊的英雄与我国历史上的西楚霸王项羽很相像，霸王举鼎的故事就说明了项羽力大无比，而项羽的脾气也十分暴躁，这是他兵败刘邦的原因之一。

有一天，海格力斯要去往一个地方，但是必须经过一条崎岖且布满荆棘的小路。海格力斯的心情被这条荆棘丛生的曲折小路搞得糟糕透了，他的脾气本来就不好，于是就开始咒骂，似乎这样他才会好受些。

骂骂咧咧的海格力斯突然看见前方有一个非常丑陋的袋子挡住了去路，海格力斯想都没想上前就给了这个丑东西一脚。接下来的一幕让海格力斯非常吃惊，因为这个丑东西不仅没有被海格力斯踩破，反而比之前扩大了整整一倍，本来就不大的小路，几乎被这个丑东西给堵严实了。

海格力斯对自己的力气向来很自信，他一直觉得自己是力气最大的一个人。他刚才踩这个丑东西的时候用了不小的力气，但这个丑东西不仅没有被踩破，反而越来越大，这不是在挑战他的权威吗？海格力斯越想越来气，于是就使足了力气不停地踩那个丑东西，结果这个丑东西变得更大了。

这时，海格力斯的理智已经完全被愤怒之火所烧毁，成了愤怒的奴隶。海格力斯看到旁边有根木棍，于是就用这根木棍不停地敲打这个丑东西。经过一番敲打，这个丑东西越来越大，最后把小路完全给堵死了。海格力斯根本无法过去，这让海格力斯更加愤怒，但是又无计可施。

正在海格力斯想办法对付这个丑东西的时候，突然出现了一个白胡子老头。白胡子老头劝告道："年轻人，不要再碰那个东西了，它叫仇恨袋。这个仇恨袋可以轻而易举地激起人们愤怒的情绪。在愤怒的情绪下，人们就会不停地击打仇恨袋。只有在击打的力量下，仇恨袋才能壮大自己。所以，仇恨袋就是通过人们愤怒的情绪而不断膨胀的。"

海格力斯想了想刚才的经历，觉得这个白胡子老头说得很有道理，就问道："可是我刚才已经击打过这个丑东西了，而且它现在已经扩大到完全挡住了我的去路，我该怎么办？我必须通过这条小路。"

白胡子老头笑了笑说："这个丑东西的名字之所以叫仇恨袋，就是因为它可以轻易地激起人们的怒火。当人们不再在意这个仇恨袋，并熄灭自己的怒火，这个仇恨袋就会慢慢恢复到原来的样子。但是，如果你一直怒火冲天地侵犯、击打仇恨袋，它就会变得越来越大，和你抗争到底。所以，你只需要不再愤怒和击打它就可以了。"

海格力斯听了白胡子老头的话后，他目前也无计可施，于是就采纳了白胡子老头的建议。当海格力斯放下愤怒，并且不再击打仇恨袋之后，那个仇恨袋果然如白胡子老头所言慢慢变小了。最终，海格力斯成功地通过了这条崎岖的小路，并到达了目的地。

心理学家通过这则希腊神话故事，提出了一种心理学效应，也就是“海格力斯效应”。海格力斯效应告诉人们，当遇到了恶性刺激时，就会产生愤怒的不良情绪。在愤怒的引导下，人们就会陷入一种仇恨状态和无休止的烦恼中，这样就会形成一种恶性循环。

受到海格力斯效应的影响，人们的理智往往很容易被愤怒之火烧毁，从而变成愤怒情绪的奴隶，被愤怒牵着鼻子走。许多严重的后果都是由愤怒造成的，而当人们恢复理智后，又会懊悔不已。因为愤怒不仅会伤害到他人，还会伤害到自己。

富兰克林说过：“如果事情是以愤怒开始，那么一定会面临羞辱的结果。”愤怒具有人们意想不到的力量，一个人一旦被愤怒之火所主宰，他就会变得不可理喻，而且具有强大的破坏力，这种破坏力最大的受害者就是自己。当发火的人恢复理智后，都会感到后悔。而且愤怒往往还是人们前进道路上的绊脚石，就像海格力斯一样，在愤怒的情绪下，海格力斯不断地击打仇恨袋，并最终堵住了自己的去路。在日常生活中也一样，愤怒往往会把我们本来宽阔的前进道路给堵死，并把我们逼进人生的死胡同。

愤怒是一种强烈的情绪反应，会让人丧失基本的理智，并完全屈服于愤怒。事实上，愤怒往往是拿别人的错误来惩罚自己。如果你认为别人冒犯了你，那只是对方的错误，与你无关。所以你不需要为此而愤怒，并让这种情绪羁绊了你前进的脚步。

## 性格不是借口——改变自己的暴脾气

张飞是一个典型的被愤怒牵着鼻子走的悲剧人物。刘备、关羽、张飞是结拜兄弟，并在剿灭黄军巾起义中立下大功。但是兄弟三人因朝中无人，所以只有刘备被安排做了安喜县的县尉。在刘备上任之初，督邮来视察。私底下，督邮向刘备索贿，刘备没有答应。刘备的态度惹恼了督邮，于是督邮就开始不断地羞辱刘备。还好刘备性情比较稳重，没跟督邮一般见识，忍气吞声地听完了督邮的羞辱之词。

天底下没有不透风的墙，督邮羞辱刘备的事情很快就传到了张飞和关羽的耳朵中。关羽和张飞都很愤怒，但是关羽很好地克制住了自己的情绪，并没有做出什么过激的举动，而张飞受不了，他马上怒气冲冲地去找督邮算账。

张飞的怒火果然不可小觑，他根本懒得骂督邮，而是直接把督邮五花大绑地捆在树上，然后用鞭子抽，以此为刘备打抱不平，顺便撒撒气。

刘备听闻张飞怒打督邮的消息后，便马不停蹄地来到了现场。刘备应该算是最了解张飞的人了，他知道如果不赶快阻止张飞的行为，就会闹出人命。幸好刘备及时劝住了张飞，不然督邮就成了张飞的鞭下鬼。

由于得罪了朝廷派来的督邮，刘备、关羽、张飞三人不得不离开安喜县，到外地去重谋生路。而张飞那暴怒的性格最终导致了他死于非命。

关羽是一个刚愎自用的人，他一意孤行地讨伐曹操，最终败走麦城，并成为东吴的俘虏后被杀。张飞听到关羽被杀的消息后十分悲痛，决定替关羽报仇，为了表达自己的悲痛之情，于是就下令让下属在三日之内置办齐全白旗白甲，然后挂孝去为关羽报仇。

在得到张飞的命令后，下属范疆和张达前来请求张飞宽限一些时日，因为三日之内根本无法完成张飞所布置的任务。但张飞这个时候已经因愤怒而丧失了理智，只想为关羽报仇，哪里听得进去下属的建议。

这两个人的实话激怒了易怒的张飞，于是他把这两个人绑在树上各鞭打五十以表惩戒。在打完这两个人之后，张飞依然要他们完成三日之内置办齐全白旗白甲的任务。范疆和张达非常了解张飞的性格，知道如果完不成任务，张飞一定会非常生气，一旦生气张飞就很有可能把他们就地正法。

为了避免成为张飞的刀下鬼，范疆、张达二人只好先把张飞变成鬼了。于是，他们二人趁着张飞醉酒熟睡之际，把醉梦中的张飞送到了关羽那里。张飞不仅是刘备的结拜兄弟，也是一名难得的虎将，昔有长坂桥一声怒吼，吓退大队曹兵；丈八蛇矛使得出神入化，万军丛中取上将首级如探囊取物。而这样一个叱咤风云的英雄竟死得如此窝囊。

对将军来说最荣耀的事情有两件，一件是得胜归来；另一件则是马革裹尸、战死沙场。但是张飞的宿命居然是被下属害死，令人扼腕叹息。

有不少人认为，张飞其实是死于义气。在小说《三国演义》中，刘备、关羽、张飞三人的兄弟情义打动了不少人。张飞的死确实与他对关羽的义气有很大的关系，如果张飞不是一个讲义气的人，他完全可以不用决意替关羽报仇，只需要好好地做自己的将军就可以了。可是，对于张飞这个讲义气的人来说这根本是不可能的。所以说，张飞死于“义”。

但这也只是表面现象罢了，张飞意外死亡的真正原因之一在于他是一个被愤怒情绪牵着鼻子走的人，他是被愤怒的情绪害死的。如果张飞可以很好地克制自己的愤怒情绪，那么他就会恢复理智。恢复了理智的张飞肯定会觉得下属所言很有道理，而自己的命令也实在太不切合实际了。这样一来，张飞就会宽限几日，也不至于被狗急跳墙的下属杀害。

每个人的性格都不一样，有些人的性格天生就比较暴躁，很容易生气、发火。张飞就是这样性格的人。但我们一定要注意，性格绝对不能成为发火的借口。

在日常生活中，我们经常会听到这样推卸责任的话：“我也没办法，天生就是这样的性格，我也不想发火，但就是管不住自己。江山易改，本性难移，真是没办法。”这就是典型的推卸责任。如果这样想，你就会越发纵容自己的愤怒情绪，于是愤怒之火只会越燃越旺，最后不仅会伤害你自己，还会让身边的人远离你。

有人会觉得，那些不了解自己脾气的人才会远离自己。如果是真正的朋友，他很了解自己的脾气，自然不会跟自己计较那么多。当自己愤怒过后再道歉就可以了。可是你的道歉并不能把你在愤怒时所造成的伤害给抹掉。

有一个小男孩，脾气非常暴躁，每次都会忍不住向周围的人发火，因此他得罪了不少人，他的朋友也因为他的火气而变得越来越少。尽管小男孩也知道发火不好，但是他就是控制不住自己。小男孩经常安慰自己这是天生的，没办法。

小男孩的父亲终于看不下去了，这样下去自己的儿子一定会变成孤家寡人。于是，他就想了一个帮助小男孩克制愤怒情绪的办法。

一天，小男孩的父亲把他带到了自家的木栏前，告诉小男孩说：“从今天起，我们之间要遵守一个约定，这是属于男子汉间的约定，你必须做到。当你每次想对周围的人发火时，你就往这个木栏上面钉一颗钉子。当你不再往木栏上钉钉子的那一天，你再来找我，我会给你奖励。”小男孩遵守了约定。

起初，小男孩往木栏上面钉了很多钉子，密密麻麻一大片。渐渐地，随着时间的推移，每天木栏上增加的钉子变得越来越少。终于有一天，小男孩实现了不再钉钉子的目标，于是他遵守约定并急忙去找父亲，希望可以得到奖赏，当然最重要的还是父亲的赞扬。因为不再往木栏上钉钉子意味着他做到了不向周围人发火，这对他来说简直是不可思议的。

当小男孩找到父亲之后，果然得到了梦寐以求的奖励。等小男孩兴奋过后，他的父亲又把他带到了那个木栏前，告诉他说："今后，每当你成功克制了愤怒的情绪后，就从这个木栏上拔掉一颗钉子。"

小男孩照做了，不久之后木栏上的钉子就没有了。当小男孩再去找父亲邀功的时候，父亲依然把他带到了木栏前，说："你现在看看这个木栏和之前的有什么不一样吗？"小男孩说："上面有很多难看的洞。"父亲继续说："你的愤怒情绪给周围人带来的伤害也是如此，就算你可以在愤怒过后跟对方道歉，并得到了对方的原谅。但是，愤怒所带来的伤害却依然存在，所以，以后你一定要克制自己的愤怒情绪，不要随便发火。"

不要给自己的愤怒找借口，因为这样只会助长你的愤怒，让你永远也无法成为驾驭愤怒情绪的主人。周围的人也不会一直原谅你的愤怒，因为你的怒火就像一颗钉子一样钉在了对方的心头，而且还伴随着情感上的伤害。这种伤害就像木栏上被钉子钉出来的洞一样，不会随着你表达的歉意而消失。所以，一定要用理智克制自己的怒火。

小男孩的父亲所采用的方式在心理学上被称为"心理钟摆效

应”。意思是说，人的心理和情绪其实就像钟摆一样，只要处理得当，会向着相反的、好的方向发展。当一个人遇到较大的刺激，想要发火的时候，就需要用理智去克制这种愤怒的冲动。这样整件事情就不会再变得糟糕，反而会向好的方向发展。

在某地有一个习俗，一种专门处理人们之间怒火的方式。例如，两个年轻人因为是情敌，双方都很憎恨对方，只要一看到对方就会忍不住发火，想把对方揍一顿才解气。但是他们并不会这么做，因为他们地方有一个古老的、得到大家尊重的传统。

如果两个人正处在盛怒的状态下，他们就需要各拿一根孔雀的羽毛，而这根羽毛就是他们为对方挠痒痒的工具。接下来，他们就会用手中的羽毛给对方挠痒痒。于是，双方就会在羽毛的刺激下忍不住哈哈大笑。两个人的怒火、憎恨、误会也会随着这爽朗的笑声而烟消云散。

当你被愤怒之火所主宰的时候，不要给自己的愤怒找借口，而是应该采取措施“灭火”。只有采取有效的措施消除怒火，才能把自身和对他人造成的损失降到最低。

## 埋在心底的定时炸弹——压抑不是办法

2004 年，发生了一起关系到四条人命的惨案，凶手是这四个死者的大学同窗，这就是震惊全国的马加爵事件。马加爵的家境十分穷困，总是受到周围人的嘲讽和奚落，面对这样的侮辱，马加爵的内心是非常愤怒的。马加爵的愤怒其实很正常，因为每个人在面对自己的尊严受到侵犯时，都会愤怒。

这样的怒火该怎么处理？处理愤怒的方式有很多种，马加爵选择的方式是压抑。但是，这样压抑着的怒火只是暂时被搁置在了内心深处，并没有得到有效的释放。这些被压抑了很长时间的怒火一直在等待一个合适的释放时机，但是具体是什么方式，只有在释放的时候才能知道。终于，这个时机到了。

马加爵性格很木讷，而且因为家境贫困导致他非常自卑，所以他总是和周围的同学格格不入，并没有什么朋友。但是在马加爵看来，同学邵某是他的好朋友，他俩是老乡，都来自广西农村。但是，正是这个人成了马加爵发泄压抑怒火的突破口。

有天晚上，马加爵受几个同学邀请一块儿打牌。那天，马加爵因为没有出去打工正闲得无聊，于是就接受了邀请。在打牌的过程中，马加爵的运气很好，总是赢。这样好的运气引起了其他人的不满，于是被马加爵视为好朋友的邵某就带头发泄这种不满："你一定在打牌的时候作弊了！你这个人的人品真差，就连打个牌都要作弊。怪不得龚某过生日的时候都不请你，就是因为你这个人人品太差。"

或许邵某只是为了发泄输牌的不满，也或许邵某本来就没有把马加爵当成自己的朋友，但是这番话把马加爵那压抑多年的怒火给点燃了。

邵某的侮辱只是一个开头，其他同学很快就呼应邵某的话，都说马加爵人品差。结果，马加爵便同这些人发生了激烈的争吵，毕竟大家都在气头上。许多人在吵架的时候，很喜欢旧事重提，也就是翻旧账，似乎这样更能增强自己的说服力。

于是，这几个人就开始说马加爵曾经的丑事，其实也不是什么丑事，无非是马加爵的衣着打扮很异类，等等。最后，这几个人似乎触到了马加爵的底线。

马加爵用杀人的方式释放了怒火，在怒火释放过后，马加爵恢复了理智。被捕后的马加爵表示，他很后悔自己采用了这样极端的方式，因为这是对生命的亵渎。

在马加爵谈到杀人动机的时候，他说，他一直把邵某当成自己的好朋友，但是这个“好朋友”竟然会那样侮辱他。马加爵突然觉得这个世界上所有的人都看不起他，其他人的侮辱他可以忍受，但是他不能忍受来自好朋友的侮辱。其实，马加爵没有意识到的是，悲剧的发生不是因为他不能忍受来自好友的侮辱，而是因为他选择了错误的发泄方式。

愤怒是每个人都会面临的情绪，压抑愤怒并不是最好的解决方式，就好像治理河水泛滥的问题一样。在治理河水泛滥的时候，通常也有两种方式，一种方式是水来土掩，就是简单地用泥土去挡住洪水的进攻；另一种方式就是疏通河道，释放洪水所带来的强大冲击力。

在治理河水泛滥的时候，疏通河道往往是最明智的选择，因为这样不仅省力，而且还能变害为利。河道中的水可以用来灌溉庄稼等。而水来土掩的方式却有些掩耳盗铃的嫌疑，因为这种方式只能暂时解决问题，无法长久，而且还会耗费许多人力、物力。

但水来土掩的方式有时也会起到根治性的作用，不过前提条件是洪水泛滥的范围比较小，而且还得保证洪水不会再次泛滥。这样的话，水来土掩的方式就可以解决河水泛滥的问题。

其实，在处理怒火时也是一样的，一个人愤怒的情绪就好像洪水一样，随时会把一个人的理智堤防给冲垮。所以，人们必须想办法治理洪水，合理地处理自己的愤怒情绪。

洪水泛滥时水来土掩的治理方式就好像压抑怒火的方式一样，只能暂时地解决问题，并不是长久之计。而且，压抑的怒火可比土掩的洪水要凶猛多了。就像身上背负了四条人命的马加爵一样，在面临他人的羞辱时，他选择了压抑，而没有采用合理的方式发泄。久而久之，这种怒火并没有因此而消失，反而越来越强烈。

最终，马加爵再也压抑不住内心的怒火，选择用暴力的方式将它释放出来。由于这腔怒火已经积攒了很长时间，所以发泄的方式更加野蛮和血腥，更没有理智。

所以，压抑自己的怒火并不是最好的解决方式，总有一天这些怒火还会以一种更为强烈的方式发泄出来。

其实，在现实生活中，大多数人都会选择压抑的方式。正是因为这样，生活中才总是会发生一些不可思议的事。例如，一个沉默寡言且温顺的丈夫，突然毫无征兆地杀死了自己的妻子和女儿，并且自杀身亡。这样类似的事件有很多，这些行为看起来都是一时兴起的结果，实际上都是长久压抑的怒火惹的祸。

有不少人总是这样说，千万不要得罪那些平时脾气很好，而且从来不发脾气的人。这样的人一旦发起脾气来会很可怕，这样的说法也是有一定道理的。

虽然那些脾气不好的人经常发泄怒火的行为并不可取，但是他的怒火毕竟被发泄出来了。所以，他每次发脾气都是对自身此刻情绪的释放和缓解，并不是积攒下来的怒火，威力自然不大。

而那些看似脾气很好的人，他们并不是不被愤怒的情绪所干扰，而只是善于压抑自己的怒火罢了。这些被压抑下来的怒火并没有凭空消失，而是被积攒起来，默默地等待着爆发的那一天。所以当这些人发脾气的时候，他的怒火是积攒了很久的，威力自然不容小觑。

## 怒气宜疏不宜堵——找到适合自己的发泄渠道

美国总统林肯正在办公的时候，突然闯进来一个怒气冲冲的人，这个人就是美国陆军部部长斯坦顿。斯坦顿对林肯说："真是气死我了，一个小小的上将居然敢指责我，他说我不公平，总是偏袒一些没用的庸才。不仅说话的语气十分傲慢，而且还多次使用侮辱性语言。难道他不懂得该如何尊重上级吗？身为一名军人的职责就是服从上级命令，他可好，居然公然侮辱上级，实在太狂妄自大、目中无人了！我必须得好好教训一下他！”

总统林肯安静地听完了斯坦顿的怒吼，等斯坦顿发泄完之后，林肯看他依然还是怒气冲冲的样子，怒火并没有因为这次的发泄而消失，于是林肯就建议斯坦顿写一封信给这个傲慢的上将，在信中斯坦顿可以好好地批评这个目中无人的上将。

斯坦顿觉得林肯的建议不错，于是就开始坐下来写信，在写信的时候斯坦顿依然很激动。在这封信中，斯坦顿用了非常刻薄和尖锐的语气和词语，这封信的每一句话都表达出了斯坦顿的怒火，每个字眼都充满了火药味儿。

斯坦顿写完信后就交给林肯看，林肯边看边赞扬：“斯坦顿你写得太好了，这小子就应该受到这样严厉的教训！不错，真解气！”当林肯把这封信还给斯坦顿的时候，斯坦顿毫不犹豫地就把这封信装进了信封里，并开始写收信人的地址。

看到斯坦顿的举动后，林肯问道：“你在干什么？为什么要把这封信装进信封里？你真的要寄给那个人吗？”斯坦顿说：“当然了，不然我写这封信干什么？”

林肯马上用十分严厉的口气说：“不要做这样糊涂的事情，这封信不仅不能寄出去，而且你必须马上焚毁它。每当我被一个人惹恼的时候，就会给这个人写一封信，在这封信中我会用一切可以表达我愤怒的语言，有时候也会咒骂这个人。但是，我从来不会把这封信寄出去，而且在每次写完的时候都会焚毁。我的怒火就会随着这封信的焚毁而烟消云散。我刚才看了你写的信，觉得你写得很不错，你应该已经解气了吧？既然已经不生气了，就没必要把这封信寄出去了。如果你还是很生气，你可以继续写信。但是，你在生气状态下所写的信不仅不能寄出去，而且必须焚毁。”

很多人都知道发火不好，但是当遇到一些强烈的外界刺激时，总是管不住自己。其实这是一种很正常的现象，因为我们毕竟是人，总会受到情绪的影响。所以，在遇到让自己愤怒的事情时，通过发火的方式来发泄无可厚非，毕竟总是憋在心里并不是什么好现象，这对健康也不好。

不过我们也不能随心所欲地完全依着自己的性子来，想怎么发火就怎么发火。我们应该让自己保持理智，不被情绪牵着鼻子走。因为肆意的怒火带来的往往是严重的后果。

虽然我们不能随便发火，但是并不意味着我们要把愤怒的情绪压抑在心中。而是应该找到一个更合理的发泄途径，例如林肯的写信法。当然还有很多其他的方法，例如找一个值得信任的人倾泻你的怒火，也就是倾诉一下，不是把对方当作发火的对象。这样你的愤怒就会发泄出来了。

还可以转移自己的注意力，如听歌、练书法等。这样都可以帮助你成功战胜愤怒。在你听歌或是练书法的过程中，你的注意力会完全集中在歌曲和书法上，从而把自己带入一个不同的世界。在这个宁静的世界中你的理智会慢慢恢复。当你的理智恢复后，重新回过头去看让你生气的人或事物的时候，你就会有一种恍如隔世的感觉，也会觉得自己的愤怒不可思议。

其实，合理发泄愤怒情绪的方式还有很多，你可以通过自己的尝试来找到一种让自己的怒火得到消解的最佳方法。

## 加固愤怒的防火墙——养成良好的习惯

洛克菲勒是美国的石油巨头，他有一个得力手下名叫爱德华·贝德福德。但就是这样一个被洛克菲勒所器重的助手，在一次谈生意的过程中因为不必要的失误，让公司直接损失了几千万美元的利润，而且这还只是保守的估计。这次失误所造成的后期影响以及巨大损失是无法估量的。

爱德华·贝德福德的失误让洛克菲勒十分恼火。爱德华·贝德福德也知道自己失误所造成的后果，而且很羞愧，他本来以为自己去见洛克菲勒的时候一定会被大骂一顿，因为造成了那么大的损失。

但是，当爱德华·贝德福德见到洛克菲勒以后，惊奇地发现洛克菲勒正镇定地坐在那里写着什么。洛克菲勒看到爱德华·贝德福德进来后就放下了笔："你好，贝德福德先生。我今天找你来是因为那次生意上的失误。对这件事情我考虑了很多，但是在探讨这些损失之前，我做了一些笔记，希望你可以看看。"

爱德华·贝德福德以为这张纸上一定写满了指责他的话，但是事实却大大超出了他的意料。这张纸上不仅没有写有关指责爱德华·贝德福德的话，反而写了很多有关他的优点。而且还提到爱德华·贝德福德曾经为公司做的贡献，这些贡献所带来的利益远远超过了这次生意上的失误。爱德华·贝德福德看完这些后非常感动和震惊。从此以后，他非常努力地工作，并为洛克菲勒的公司创造了更大的经济效益。

在回忆起这件事情的时候，爱德华·贝德福德是这样说的："我除了很感激洛克菲勒之外，更重要的是学习，我觉得洛克菲勒处理情绪的方式非常值得我学习。因为当一个人被一些事情或是一个人给激怒的时候，往往很容易失去理智。而且，愤怒很容易让我们去否定一个人，忽略这个人身上的优点。"

爱德华·贝德福德得出了这样的结论："所以，我每次在对一个人发火之前，都会强迫自己静下心来在一张纸上写出这个人的优点。每当我列完这个优点清单的时候，我的怒火也会随之消失，我的理智会重新回到我的头脑中。时间长了，这个方法就变成了我生活中的一部分，并成为一种好习惯。正是因为这个好习惯，我才能成功地战胜愤怒。如果我总是怒气冲冲地解决问题，那么一定会带来非常严重的后果，而我也会为这个后果付出更为惨重的代价。"

不会生气的人是不存在的，因为愤怒是人的正常情绪之一。我们所要做的就是驾驭自己的愤怒。这是一个聪明人应该做的，只有这样我们才能避免愤怒情绪所带来的严重后果。

每个人都是一个矛盾的存在，例如理性与感性之间的矛盾和斗争。虽说感性并不是一个贬义词，但是人的情绪确实属于感性的一部分，而愤怒属于情绪中的一种。所以，在发火和合理宣泄的抉择上，其实就是理性和感性的斗争。

人的感性往往与本能有关系，是一种自然而然就会发生的现象。例如，一个人侮辱了你，你就会很愤怒。于是你就会忍不住想要跟这个人吵起来，而且拼了命地去争吵。这是因为你需要一个出口，一个发泄你愤怒情绪的出口。

当吵架无法发泄人们的怒火时，人们往往就会挥起拳头，打架。有这样一个神奇的现象，人们在愤怒情绪下打得头破血流的时候，似乎根本感觉不到感官上的疼痛。当打完架后，渐渐平静下来时，就会突然感觉到伤口的疼痛。由此可见，愤怒的力量多么巨大，不仅可以打垮一个人的理智，而且还能让人麻木，使人完全感觉不到身体上的疼痛。

在愤怒面前，理智总是会显得苍白无力。学会合理发泄愤怒，除了一些必要的技巧和方式之外，一个良好的习惯也很重要。就像这则故事中的爱德华·贝德福德一样，把一种合理宣泄愤怒的方式养成根深蒂固的习惯。

这样一来，愤怒就会拿你没辙。每当你准备发火的时候，就会不自觉地去采取一些恰当的方式熄灭怒火，因为这已经是你的习惯了。习惯和感性一样也是自然而然就会起作用的，根本不需要理智地思考，就好像条件反射一样一气呵成。

总的来说，在被愤怒所干扰的时候，人们需要这样解决问题：

1. 正视愤怒。要在心里告诉自己，我的确生气了。这样做就避免了你压抑愤怒情绪的可能，但是并不意味着你要发泄出来。这样做其实就是为了给自己合理化解愤怒的机会。因为只有正视问题，才有解决的可能。如果你根本就没有面对问题，怎么可能解决？

2. 用理智压制愤怒，并采用合理的宣泄方式。这个时候既然已经意识到问题的存在，那么就该解决了。首先你需要强迫自己压抑愤怒，因为这样可以避免发火所带来的严重后果。

但是，这并不意味着你要一味地压抑下去，毕竟压抑太久的怒火会带来更严重的后果。其次在压抑过后，你需要一个合理的方式来宣泄自己的愤怒。其实，转移自己的注意力就是一个不错的宣泄方式。

3. 养成良好的习惯。把你以理智控制愤怒和合理宣泄的方式变成一种习惯，只有这样你才能成为最后的赢家。不然你只是暂时地战胜了愤怒，总有一天还是得为愤怒鞍前马后地折腾不已。

## 第三章

# 拒绝拖延，不求完美——心理学教你如何缓解焦虑

因为厌倦而拖延，因为拖延而焦虑，如何打破这种恶性循环？尽善尽美是一种理想状态，并不容易实现，就像你不可能每次都考100分。不再追求完美，焦虑就会悄然离开。

## 赶不走，捉不到——如影随形的焦虑

塞缪尔的丈夫在半年前因为工作原因，被调到一个驻扎在非洲沙漠的陆军基地中，塞缪尔跟随着丈夫来到了这里。塞缪尔在来非洲之前就已经想过会遇到什么困难，毕竟在那里她一个人也不认识，但是她认为，为了婚姻和爱情这是值得的。

可是时间一长，塞缪尔就开始感觉到了厌烦，因为她在这里不仅没有工作，也没有朋友，只认识丈夫一个人，而丈夫每天都要去工作，根本没有时间陪她。于是，塞缪尔每天都不得不独自一人待在军事基地的一个小铁皮房中。

非洲炎热的天气也让塞缪尔受不了，她变得越来越烦躁和焦虑，脾气很不好。唯一让塞缪尔欣慰的是，她可以和远在家乡的父母通信。塞缪尔会在信中表达对家乡和父母的思念之情，当然也会抱怨自己糟糕的生活，如当其他的女人都在享受自己的大好青春年华的时候，自己却在这个鬼地方过着无聊透顶的日子。

塞缪尔在一次写信中告诉父母，她已经受够了在非洲的生活，她要结束这种鬼日子，她准备抛下一切回到家乡，因为她快要被逼疯了。

不久之后，塞缪尔就收到了父亲的回信。在这封信中，塞缪尔的父亲给她讲了一个故事：有两个病人，因为身体的原因，每天都必须待在病房里，这两个人非常向往外面的世界。于是，他们每天都会长时间地望着铁窗外面的世界。但是，这两个病人的情况却不同，一个人每天都很快乐，但是另一个人每天都愁容满面的。

一个护士很好奇，因为这两个人的生活环境都一样，但是两个人的差别却这么大。经过仔细地观察，她终于找到了答案。原来，那个快乐的人总是能透过铁窗看到许多有趣的事情，但是另一个人只看到了泥土。这说明，当一个人在抱怨命运的不公平时，他就会变得不快乐；当一个人感谢命运的眷顾时，就会获得快乐。

塞缪尔反复阅读了信中的故事，她开始思考自己的生活。最后，塞缪尔决定不再逃避，留在非洲寻找属于自己的快乐。

当塞缪尔下定决心的时候，她开始走出军事基地，学着和当地的居民进行交流。塞缪尔表现得十分热情，这种热情感动了当地的居民。于是，塞缪尔有了许多朋友，当地居民知道塞缪尔喜欢他们制作的陶器和纺织品后，就把自己舍不得卖给游客的陶器和纺织品送给塞缪尔，塞缪尔在这里获得了珍贵的友谊。

从此之后，塞缪尔再也不感到烦躁和焦虑了，她越来越喜欢这里的生活。而且时间长了，塞缪尔也渐渐适应了非洲炎热的气候，并开始欣赏这里的景色，例如那些生命力顽强的仙人掌和各种沙漠植物。塞缪尔每天还会在沙丘上欣赏沙漠中那独特的日出和日落。后来，塞缪尔居然还迷上了沙漠中的历史古迹，并开始着手研究。这一切都让塞缪尔感到快乐和新鲜。

后来，塞缪尔回到了美国，在非洲的那段生活依然影响着她，她决定把自己在非洲的经历写成书，名字叫作《快乐的城堡》。在这本书中，塞缪尔除了记载非洲的各种民俗和景色之外，还告诫所有的人：远离焦虑，放下抱怨，你便能得到快乐。

焦虑是一种正常的情绪。由于我们生活在一个高速运转的时代中，虽然物质生活很丰富，高科技还为我们的生活提供了许多便利，但是我们生活的节奏也明显加快了许多。这种快节奏的生活状态，必然会给人们带来一些压力，如就业、买房、工作、生活等方面都有巨大的压力，这种压力会激发一些人的斗志，但是也会使人产生焦虑的情绪。所以说，现代人的焦虑情绪变得越来越严重。

焦虑的情绪属于人的心理层面，一旦产生了就不容易消除，它不像人生理方面的各种需求，只要得到满足，不良的感受就会消失。例如，一个人口渴了，这属于生理方面的需求，很难受，但是只要一喝水就解决了。

焦虑的情绪是无形的，也是没有“礼貌”的，焦虑在拜访我们之前不会提前打招呼，而是突然降临在我们身上。而且，我们还会在不知不觉之中被焦虑所俘虏，它就像影子一样与我们形影不离，把我们的快乐和健康都夺走，最后我们会变得压抑、烦躁。

焦虑是一个人对生活中存在的某种威胁事件或是某种情况过度的猜想，从而引起了高度不安和紧张的状态。焦虑情绪往往体现在高度的紧张上，因为这种高度的紧张会使一个人的精神过于敏感。

严重的焦虑情绪还会发展成为焦虑症，焦虑症会引发患者的生理和心理出现不同程度的功能性障碍。

一个有焦虑情绪的人往往会出现头晕、胸闷、失眠等现象，有的人还会用暴饮暴食的行为来缓解焦虑所带来的精神痛苦。可以说，在这个迅速发展的时代中，每个人都有焦虑情绪，只是焦虑的程度不同而已，有的严重，有的相对轻微。

当我们焦虑的时候，可以选择进行体育锻炼，大汗淋漓之后心情也会变好很多。而且，我们还可以把体育锻炼当成一种生活习惯，合理地安排到每一天之中，这样一来不仅释放了焦虑的情绪，而且还有益于身体健康。

成就感也是化解焦虑的好方法，一个有成就感的人往往会有一种心理满足感，整个人会充满力量，这样焦虑自然不会找上门来。想要获得成就感，除了需要不断发现自身的优点之外，进行自我提升也是必要的。

人比人气死人。人与人之间总是会不自觉地进行对比，而这种对比就会产生一种竞争的关系。竞争往往会伴随着压力，当压力过大，人就会高度紧张和焦虑。所以，尽量少和周围的人进行对比。你可以把视线放在自己身上，只为不断地超越自我。拿今天的自己和昨天的自己做比较，看看自己是否进步了。这样不仅可以化解焦虑的情绪，还有助于自身整体实力的提高。

## 因为厌倦，所以焦虑——让每一天都是新鲜的

不少人都有这样的体验：某一段时间内，不论干什么都提不起兴趣，对周围的一切都感到十分厌倦。而且还伴随着疲惫的感觉，就算休息了很长时间，依然没有得到放松。如果真的出现了上述情况，那么就说明你已经进入心理疲劳期。接下来，你就会被工作的压力和焦虑的情绪所困扰。

心理疲劳不同于身体上的倦息，后者只需要休息一段时间或是睡一个好觉就可以解决。而心理疲劳这种不良的情绪会让人们对生活失去兴趣，整天愁容满面。

麦克是美国的一名记者，以前麦克十分喜爱记者这份工作，并投入了许多精力，因此获得了十分丰厚的报酬，这一切都是他努力的结果。但是不知怎么，麦克最近对工作提不起任何兴趣，他觉得自己越来越疲倦。

起初，麦克以为自己太过劳累了，才会出现这种情况，于是请了一段时间的病假，在家中休息。但是假期结束后，麦克依然感觉很疲劳，他觉得自己的精神马上就要崩溃了。

为了防止精神崩溃的惨剧发生，麦克做了一个疯狂的决定，虽然这个决定在周围人看来是不可理喻的，但是他认为这个决定是正

确的，就是辞去报酬丰厚的记者工作，还将身上仅有的 3 美元给了街上的一名流浪汉。这一天是麦克 37 岁的生日，这也算是他送给自己的生日礼物。

麦克身无分文，只带了干净的内衣裤就从加州出发了，那一天阳光明媚。一路上，麦克都是靠搭便车来解决交通问题的。就这样，麦克横跨了整个美国。

除了旅行，麦克闲暇的时候会不断地回忆和思考自己过去的生活。他认为自己当记者的时候，虽然通过辛勤劳动赢得了丰厚的报酬，却没有随着这不断增长的金钱而获得精神上的快乐，反而开始有一种厌倦和疲劳的感觉。

当麦克有机会采访整个美国最成功的企业家和最受欢迎的大明星的时候，也没有丝毫的兴奋。这对一个记者来说无疑是可悲的，于是，麦克开始思考自己是否适合记者这个工作。

麦克在旅途中开始思考一个终极的人生和哲学问题：我到底是为什么而活着？在这长达几个月的流浪生活中，麦克对自身进行了一个彻底的反思。重新回到加州的时候，他对生活又重新充满了激情，并开始了另一种全新的生活：把全部的精力都投入写作和旅行之中。麦克认为这种生活比当记者更能让他感觉到快乐。

表面上看，麦克重新获得快乐是因为几个月的流浪生活和换了一份自己更喜欢的职业。实际上，是因为麦克为自己的心理进行了合理的放松。流浪其实就是一个自我反思和放松的过程。

“当一个人的身心长期处于紧张的状态中，那么这个人身体的免疫能力就会下降。”这是美国哈佛大学医学家的研究成果之一。短暂的紧张可以使一个人的注意力得到集中，但是如果是长期的话，那么紧张就会化身为“隐形杀手”，虽然不会马上夺人性命，却会在日积月累之后置人于死地。

精神上的厌倦和疲惫其实就是一种紧张的状态，就像慢性中毒一样，短时间内还好，但是如果长此以往，等时间一到就会引发疾病。这种疾患既会破坏一个人的身体免疫能力，还会让一个人的情绪陷入焦虑之中，严重的或许还会得焦虑症。总的来说，这种心理的厌倦和疲劳会对一个人产生不小的危害，甚至可以说是对生命力的损耗。

喜新厌旧这个词在我们大多数人看来是一个贬义词，而且大家都不喜欢喜新厌旧的人。但是从某种程度上来说，每个人都具有喜新厌旧的习性，这是人的本性之一。如果一个人长期处于同样的工作和环境中，就会有一种厌倦和烦闷的情绪，而且会随着时间的推移越来越明显，整个人也会变得越来越焦虑。不仅工作效率会变得十分低下，而且整个人的精神状态也会变得十分糟糕。

在日常生活和工作之中，如果一个人总是在重复单调的事情，没有一丝挑战，那么就会产生“心理饱和”。所谓心理饱和，其实就是人们已经感到厌倦，如果不转换一下心情，那么这个人的心理就会越来越饱和，超过心理的承受限度，于是会变得越来越厌倦和懈怠，而需要做的事情就会越来越多，整天都会被焦虑的情绪所困扰。

随着机器的发明，手工制品似乎逐渐在我们的生活中被淘汰了，因为机器制品似乎和手工制品同样美观，而且价格还十分便宜。但是，现在有不少人开始重新青睐手工制品，因为手工制品的做工更加精细。但是，机器制品和手工制品除了价格和做工方面的区别之外，最重要的就是数量方面的区别。手工制品的数量不仅少于机器制品，而且还有一定的限制。

有一个美国人在南非游玩，看到有一个土著居民在销售一种手工制作的帽子，帽子的款式非常精致和美丽，这个美国人一下子就喜欢上了这个土著居民的帽子。他随口问道："这帽子多少钱一顶啊？"

土著居民回答道："10 美元 1 顶。"这个美国人虽然十分喜爱这些帽子，但是觉得太贵了，就商量道："如果我买 10 顶帽子的话，价格上能给我便宜一点吗？"土著居民非常坚定道："不行，还是 10 美元 1 顶。"

美国人感觉这个土著居民实在太刻板了，根本不会做生意，但是他真的很喜欢这些帽子，于是继续用商量的口吻问道："那如果我买 100 顶帽子的话，总能在价格上给我优惠一些吧？"

戏剧性的一幕出现了，土著居民表现得十分不耐烦："这样的话，就 20 美元 1 顶。"美国人很吃惊："你在和我开玩笑吗？怎么我买得越多价格反而越贵了呢？你到底是不是在做生意？"

土著居民回答道："当我做 1 顶帽子的时候，我会对这个工作充满了兴趣。如果做 10 顶的话，虽然没有了之前的快乐，但是我依然可以勉强做到。但是，做 100 顶帽子的话，我一定会被这份工作烦死！"

任何人在做一件事情的时候都有许多动机，而在这些动机中又有一个初始动机。所以，在我们刚刚参与一件事情的时候都不会感觉到厌烦。但是随着时间的推移，这种初始动机就会渐渐消失，于是我们的兴趣也没有了，就会感觉到厌烦。这种厌烦的情绪不仅仅体现在工作中，就连玩耍也一样。

所有人都喜欢玩耍，并认为那是最快乐的事情，永远也不会感觉到厌烦。人们之所以会有这样的想法，是因为许多人玩耍的机会很少，时间也较短，还没来得及感受就结束了，还没有到那种厌烦的程度。但是如果让一个人天天玩耍，那用不了多长时间，他也会感觉到玩耍其实和工作一样，时间长了都会厌倦。

日本森田疗法的创始人森田正马曾经对一个小男孩进行过治疗。这个小男孩是一个非常厌学的孩子，根本无法像正常孩子那样去上学。小男孩的父母没有办法，只好把他带到了森田正马这里，希望可以让他恢复正常。

之前，小男孩最大的愿望就是不用学习，每天都可以尽情地玩耍，因为他已经厌倦了学习。

森田疗法的主体思想就是顺其自然，为所当为。既然小男孩这么喜欢玩耍，那么森田正马就顺其心意，根本不管他，让他尽情地玩耍。小男孩起初非常高兴，因为自己梦寐以求的事情终于实现了。

可是，这样的状态并没有维持多长时间，小男孩就感觉到了厌倦。在他看来，原来玩耍和学习一样，时间长了也会很没劲。于是，小男孩就开始向森田正马要求，希望可以帮助森田正马干一些杂活儿。森田正马自然同意了，后来在森田正马的一步步指引之下，小男孩重新对学习产生了兴趣，并回到学校中继续学习。

从森田正马这个心理治疗的例子中我们可以得知，一个人的厌倦并不是只针对工作，而是会发生在生活的方方面面。既然如此，厌烦就是我们无法逃脱的，那么我们就要进行自我调整，让自己摆脱这种厌烦和由此导致的焦虑情绪。

詹姆斯是一位著名的作家，虽然他的兴趣是写作和翻译，但是时间长了他也会感到厌倦。于是，他想了一个好办法来驱赶厌倦的情绪。

詹姆斯的工作地点是书房，在他的书房中有三张桌子，许多人都认为一个书房摆放三张桌子实在太浪费了。但是，这三张书桌其实就是詹姆斯战胜厌烦情绪的秘密武器。原来，这三张书桌上摆着不同的东西。

第一张书桌上放着詹姆斯翻译的手稿；第二张书桌上摆放着詹姆斯的一篇论文；第三张书桌上摆放着詹姆斯正在创作的一本小说。

当詹姆斯厌倦翻译的时候，他就会去写论文，如果再感到厌倦，就会去写小说。这样一来，詹姆斯就永远也不会对写作和翻译感到厌倦了。

驱赶厌倦最好的方式其实就是让你的每一天都变得不一样。每天都给自己制造一些“变化”。例如，我们可以给自己枯燥的工作制作一个计划表，把自己每天的时间分成不同的时间段，把工作和放松都合理地安排好。然后，每天都让这个计划表发生一些不同的变化。

例如，你今天上午的任务是做报表，那么你明天就可以把做报表的任务安排在下午；你今天休息放松的方式是吃了一个苹果，那么你明天就可以吃块蛋糕；你今天上班是走路来的，那么明天就骑自行车；等等。

这种变化也可以安排在家里，如你可以多买几套不同风格的餐具或是杯子。今天用古典风格的，明天就用现代风格的；今天喝的是茶，明天就喝咖啡；还可以通过穿不同的衣服，来体现变化。总的来说，就是不断地给自己制造惊喜，让每一天都不同，保持着对工作和生活的新鲜感。

另外需要提到的是，如果你在工作表中安排自己做一件难度非常高的事情，那么接下来你就需要给自己安排一个相对轻松的任务。这样一来，你紧绷的神经就会得到调节。

而且，你在完成难度较大的任务时，就会有压力。如果接下来你依然进行难度高的工作，那么你的压力就会更大，这样一来就比较容易引起焦虑情绪。

如果你的焦虑比较严重，例如出现了沮丧压抑、工作效率低、心烦意乱、头晕眼花、失眠、暴饮暴食等症状的时候，你就需要明白你已经进入心理疲劳期。你需要暂停下来，给自己足够的时间去放松。

如果条件允许的话，可以换一个环境。例如，到那种自然环境风景秀丽的地方放松。如果没有充足的时间，你可以利用半天的时间，到一个清静幽雅的地方静坐一会儿，也能起到缓解心理疲劳的作用。逛街也是一种不错的缓解焦虑的方法，有的女性在心情不好的时候就会去逛街，然后买一些自己喜欢的衣服或物品，大包小包地拎回家。看着那些所谓的“战利品”，心情就会好起来。

## 越拖延，越焦虑——果断行动起来

20世纪初期，吉列先生创建了一家公司，并发明了一种安全性非常好的剃须刀。吉列对这个新发明充满了信心，坚信剃须刀一定会大卖。因为吉列观察到，男人们经常使用的都是传统的剃须刀，这种剃须刀不仅价格昂贵，而且在使用的时候也十分麻烦。在使用这种传统的剃须刀之前，首先，得把刀片打磨得非常锋利，只有这样才能刮下胡子；其次，在刮胡子的时候必须得小心翼翼，不然一不小心就会把脸给划破。

吉列的推测看起来很有道理，但是他忽略了一点，许多人很容易被习惯所支配，尽管吉列所发明的剃须刀很方便，但是大家还是情愿用已经习惯和麻烦的剃须刀。于是，吉列的新剃须刀一经上市，就出现了滞销的危机。据统计，在 1903 年这一年时间中，吉列公司只卖出了 51 个刀架和 168 个刀片。

面对这样的销售业绩，吉列很着急，毕竟他的公司才刚刚建立，本来就没有多少资金，再加上目前这种不利的局面，用不了多久，这个刚刚诞生的公司就会陷入资金短缺的危机，根本无法继续生存下去。

为了改善这种局面，吉列每天都在想办法，同时也开始四处留意，寻找一个合适的机会，把这种新的剃须刀给推销出去，让所有的男人都看到这款剃须刀的好处。可以想象，吉列的压力应该很大，但是他并没有焦虑，而是冷静得如同猎人一般，只在寻找一个恰当的时机下手。

终于，吉列等来这个机遇，并紧紧地抓在自己的手中。有一天早晨，吉列像往常一样边吃早餐边看今天新送来的报纸。报纸的大部分篇幅都在叙述战争的近况，而且记者为了让群众更加直观地了解战争的情况，还专门刊登了一名年轻士兵的照片。吉列的眼睛一下子就被这个年轻的士兵吸引了，因为这个年轻人胡子拉碴的，看起来非常没精神。吉列敏感的神经马上意识到，推销新产品的机会到了。

于是，吉列马上联系了军队的采购部门，并表示自己为了支持前线，决定以成本价格卖给士兵们剃须刀，这样一来士兵们的精神面貌会得到极大的改善。面对这种好处，军队采购部门自然连想都没想，就采纳了吉列的建议。

吉列的这一决定在所有人看来都是疯狂的，毕竟商人的目的就是为了盈利。当然也有不少的企业家会不赚钱地做一些慈善，但是前提条件是这些企业家手中有多余的资金，而吉列并不具备这个能力，因为他的公司就要因为资金短缺而关门了。理所当然地，吉列的决定遭到了公司员工的反对。

面对众人的质疑，吉列表示，自己之所以做出这样的决定，其实就是为了让更多的人知道这个新剃须刀的优点，也算是一种营销手段。尽管如此，公司的其他人还是无法接受吉列的决定，因为这个决定实在太冒险了，完全是在拿公司的未来做赌注。最终，吉列还是力排众议地决定了。

事实证明，吉列的决定是正确的。没过多久，吉列牌剃须刀就在美国士兵之间盛行起来。渐渐地，所有的士兵们都喜欢上了这种安全又方便的剃须刀。同时，由于作战地点的频繁更换，所以士兵们在无形之间就把这个品牌的剃须刀带到了世界各地。这样一来，吉列牌剃须刀就成了一个世界闻名的品牌。吉列用了很低的成本在全世界范围内做了一个广告，而且广告的效果十分不错。

后来，吉列公司不仅一举解决了资金短缺的问题，并且成了全世界最有名的剃须刀品牌。仅在1917年这一年的时间内，吉列牌剃须刀的销售量就高达 1.3 亿元，这与之前的销售量相比可谓是天壤之别。

吉列的成功就在于他没有被压力打垮，在焦虑不安中犹豫不决，最终走向失败。而是独具慧眼，力排众议，采取了果断的行动，让自己和公司摆脱危机，取得了巨大的成功。

每个人都会面对压力，因为压力，许多人都会产生焦虑感，然后就会感觉自己被压力给压垮了。但是，压力真的有这么神奇的力量吗？实际上，真正压垮人们的并不是压力，而是压力所带来的焦虑感。其实，压力的产生也是因为人的感觉，如果一个人在工作中感到了“糟糕”，那么不久之后他就会感觉到压力。

虽然调节工作的时间和环境甚至是工作的内容都是缓解压力和焦虑的好方法，但是想要从根源上消除压力对自己的影响，就必须调整自己的感受。把那种引起你焦虑感的压力转变为欣赏或是兴奋十足的感觉，这样那些所谓的压力自然会消失得无影无踪。

当一个人身处绝境的时候，就会感到巨大的压力，然后就会产生强烈的焦虑感。但是，一个人处于焦虑的状态是无法去应对所面临的困难的。而且，这种焦虑还会影响人的理解能力、记忆力等认知能力。例如，学生们经常出现的考试焦虑症就是典型的例子。巨大的学习压力让一个学生产生了焦虑，而这种焦虑情绪会影响学生的学习状态，然后学习成绩变得越来越差，于是压力就变得越来越强，焦虑情绪也会越来越严重，最终就发展成了焦虑症。

焦虑情绪还会影响人的交往能力，因为一个人非常烦躁时，就很容易和周围的人起冲突。有的人心情不好的时候虽然不会与其他人发生争执，但是却会表现得十分冷淡，这种冷淡的态度也会影响人际关系。

一个人在焦虑的时候，往往会不自觉地用吸烟、酗酒来缓解这种糟糕的心情，有的甚至会吸毒。实际上，这是用放纵的行为来舒缓内心的痛苦。这样一来，人们就很容易养成不良的生活习惯。吸烟和酗酒还好，比较容易改变。但是如果是吸毒的话，就不那么容易摆脱了，或许会永远这样放纵下去。

有的人还会因为焦虑情绪产生一些强迫症的行为。例如，如果一个人很焦虑的话，那么他就会形成反复检查门窗的习惯，而且没有安全感。

既然专注于所谓的压力会带来这么多严重的后果，不妨无视这些压力，果断地行动起来，用实际行动去改变所面临的困境。因为破釜沉舟的果断行动，往往会战胜困难，困难一旦消失，压力也就无处藏身，自然就不会产生焦虑情绪了。

在果断地付诸实际行动时，需要注意，果断是指一个人行事的干练和不拖泥带水的风格，并不代表这个人是鲁莽的。果断和鲁莽的区别就在于是否在行动之前进行了深思熟虑。所以，在果断地行动之前一定要进行思考和计划。

当你已经思虑周详之后，就要毫不犹豫地采取行动去改善目前的困境。虽然周围人的建议很重要，但是必要的时候可以听而不闻，视而不见。如果总是顾忌周围人的说法，那么你永远都无法果断地去行动。

在果断行动之前，我们需要考虑以下两个方面的问题：

1. 认清焦虑的来源。人的焦虑一般都是因为外界的压力，而这种压力是否真的存在，还是一个需要确定的问题。有的压力是真实存在的，这个人确实面临了严重的困难，所以才会有压力和焦虑。面对这种压力，人们需要考虑的就是困难本身，也就是想办法去解决。一旦确定了解决的方案，就要毫不犹豫地行动起来。

还有一种情况，就是这种压力实际上根本不存在，只是一种主观感受。例如，如果一个心思细腻的小姑娘不小心划破了手指，她或许会为这个小伤口担心和焦虑一个星期。但如果是一个粗心大意的小伙子，或许这个伤口从划破到愈合，他都不知道有它的存在。

也就是说，压力和焦虑情绪或许只是人们夸大了生活中所面临的困难。实际上，这种困难根本不至于引起人的焦虑，甚至这个困难根本就不存在，只是人们想象出来的。如果是这种情况，那么你就需要在生活中或是工作中寻找成就感和安全感，当你充满了成就感和安全感的时候，满怀信心和力量，自然就不会毫无根据地焦虑了。

2. 制订行动计划。制订计划是行动的前提条件，因为在制订计划的过程中，你会慎重考虑各种因素，以防止出现鲁莽的行为。

在制订计划时需要注意一点，那就是要根据自己的能力而定，如果你制订了高于自己能力的计划，永远也实现不了，你反而会变得越来越沮丧和焦躁不安，不仅没有缓解你的焦虑，反而变得越来越严重了。但是也不能制订低于你能力的计划，这样不利于你获得良好的成就感。

此外还需要注意，制订计划时一定要遵守一个原则，那就是将计划制订在自己能力极限的80%，千万不能是100%。有一句俗话叫作计划赶不上变化。这20%的空间就是专门应对一些突发情况的。不然你把计划制订得满满的，当遇到一些变化时，你就会有一种失去控制的感觉，这种感觉同样会引起和强化你的焦虑情绪。

## 志存高远，脚踏实地——别让成功的焦虑害了你

朱买臣是汉武帝时期一位颇具传奇色彩的臣子，他出身贫寒，靠打柴为生，即使成家了生活依然很拮据。

但是朱买臣并不甘心一辈子打柴，为了改变自己的命运，他开始读书，只要一有机会就如饥似渴地读书。他心中一直有这样一个信念："将来终有一天会遇到赏识我的人，到时候我就可以一展宏图了！"

很多年过去了，这个赏识朱买臣的人一直没有出现，不过朱买臣仍然在坚持读书，而且总是大声朗读。起初大家还很赞赏他的这种行为，但是过了许多年，朱买臣还是没有得到一点功名，于是周围的人就开始议论朱买臣，说他是一个只会空想的人。

后来，就连朱买臣的妻子也受不了他了，认为他是一个不切实际的人。尽管朱买臣一再向妻子表示，他一定会遇到赏识自己的人，到时候就会时来运转，会让妻子过上好日子。但是妻子并不相信朱买臣，就离开了他。

这时朱买臣已经50多岁了，落得如此下场，换作其他人一定受不了，或许还会一死了之。但是，朱买臣依然坚信自己的才华终有一天会有人赏识，并没有放弃努力。

过了几年之后，朱买臣作为士卒被派遣押送物品到长安。由于遇到了一些意外，耽搁了时间，朱买臣携带的干粮吃完了，迫不得已开始乞讨。而朱买臣在乞讨时依然保持着高声诵读的习惯。

朱买臣的朗诵声引起了严助的注意，这个严助是他的同乡，于是就请他一起吃饭。在吃饭期间两人谈了很多，严助非常欣赏朱买臣的才华，认为他是一个人才，于是就向汉武帝推荐朱买臣。

在严助的推荐下，朱买臣成了汉武帝的一个臣子。后来汉武帝为巩固北方的边防，准备修建一栋建筑，但是大臣公孙弘却认为这个做法太劳民伤财了。后来，朱买臣展示了他过人的口才，列举了此事会给国家和百姓带来的十大好处，驳倒了公孙弘，并赢得了汉武帝的赏识。

接下来，浙南和闽北发生了叛乱，由于太突然，朝廷一时没有想出合适的对策。这时朱买臣上了一份奏疏，阐述自己的征讨策略。汉武帝看后非常高兴，就任命他为会稽太守，镇压叛乱。朱买臣成功镇压了叛乱，并被汉武帝封为主爵都尉、丞相长史。

“成功焦虑症”是指过分功利化地追求成功，期望可以通过不努力或是少量的努力就获得成功，这种焦虑会使人的心理严重失衡。他人的巨大成功不仅吸引着我们，也会让我们焦虑和失落。

所以，想要成功和摆脱成功焦虑症，就必须像朱买臣一样静下心来脚踏实地的努力。一句话，既然选择了远方，便只顾风雨兼程。

## 第四章

# 恐惧是想象的产物——心理学教你如何消除恐惧

富兰克林·德拉诺·罗斯福说：“我们唯一需要害怕的其实就是恐惧本身。”

20世纪的世界伟人纳尔逊·曼德拉告诉我们：“真正勇敢的人不是感受不到恐惧，而是战胜了恐惧。”

# 人会被恐惧杀死吗——毁灭性的力量

狼，在许多人心中是种十分凶残的动物，但是生活在草原上的游牧民族却把这种动物视为自己的图腾。游牧民族之所以会这么崇拜狼这种动物，最重要的原因是：狼非常聪明，或许有人更喜欢用狡猾这个贬义词。

草原上的狼和人基本上处于一种井水不犯河水的状态，但是如果有人侵犯了狼，如杀死了很多狼，那么，狼群就会狠狠地报复人。通常狼群是不能伤害到人类的，于是它们就专门围攻羊群和马群。

狼群围攻羊群和马群时就体现出了它们那狡黠的智慧。最初，狼群只是用锋利的牙齿咬死很多羊，这样牧民就会损失惨重。然而，狼的报复远远没有结束，狼还要报复马群。马和羊虽然都是食草动物，但是体格上却大不相同。对狼来说咬死羊比较容易，但是想要咬死马却是一件十分困难的事情。因为狼在咬马的过程中，马也在为自己的生命挣扎着。在挣扎中，马蹄就是一件非常有力的武器。有不少狼就被马踢破肚子而死。

但是，聪明的狼很快就想到了一个好办法，它们会用锋利的爪子在马的肚子上划开一个口子，然后疯狂地追赶马群，只是追赶而已。在追赶的过程中，马那被狼划开的肚子就会露出肠子，但是马并没有因此而停止，还是没命地奔跑。结果这些马在逃命的过程中，肠子就被自己的后蹄以及后面奔跑的马匹给拖出来。

这样狼就不费吹灰之力成功地报复了人类，因为马和羊都是牧民最珍贵的财产。而那些马的死状十分血腥和残忍，马的肠子被自己的后蹄踩踏着拖了很久，最终被完全拖出而死。

或许有不少人要感叹狼的残忍和马的愚昧，但是真正导致马死亡的原因是什么？是狼的残忍还是马的愚昧？都不是，是恐惧。我们假设一下，如果狼在马的肚子上划开了一道口子，但是马并没有奔跑，那么这道口子就永远只是一个伤口，不久之后会随着时间而痊愈。但是马并没有这样做。

对于马这种食草动物而言，狼是一种非常可怕的食肉动物。由于这种恐惧心理的影响，马在遇到狼时的第一反应就是跑。似乎只有跑才能活命，事实上正是这种奔跑把马送上了不归路。如果马能战胜恐惧的心理，留下来和狼决一死战，说不定还有生还的机会。

从这则故事中我们可以看到恐惧的影响力。在人们遇到一些非常困难的事情时，首先就会想到逃避。面对那些让自己恐惧的事物时，人们的第一反应也是逃避，这是一种本能反应。然而逃避并不能给我们带来好的结果。就像这则故事中的马一样，面对让自己恐惧的狼，它的第一反应就是逃，但是却把自己的命逃没了。

所以在面临恐惧的时候，人们应该勇敢地去面对，因为只有面对才有战胜的可能，如果一味地逃避，只能把自己逼进恐惧的死胡同。

恐惧是一种人类及生物常有的情绪状态。当人们遇到危险的或是厌恶的事物时会产生一种惊慌的心理，这种危险和厌恶的事物既可能是现实中真实存在的，也可能根本就是子虚乌有，只是当事人的个人想象而已。

这个世界上到底什么才是最可怕的呢？引起人们恐惧的事物很多，可以说这个世界上有多少人就会有多少种恐惧。

有的人畏惧和人交往，这种恐惧被称为社交恐惧症。或许在一些人看来，患有社交恐惧症的人是不可思议的。因为人是社会的产物，是不可能离开这个社会而独自存在的。既然身处社会，人与人之间的交往自然就是一件不可避免的事情。

更让一些人感到不可思议的是场所恐惧症，患有这种恐惧症的人是不能出入一些公共场所的，如商店、剧院、汽车站等，甚至在一些空旷的场所也会引起患者的恐惧。有些比较严重的患者甚至连门都不出，长期生活在家里狭小的空间内。对于没有场所恐惧症的人来说，这简直不可理喻。

引起人们恐惧心理的事情还有很多，但是到底哪种事物才是最可怕的呢？什么样的事情才是我们需要害怕的？或许永远没有定论，因为每个人恐惧的原因都不一样。但是有一点我们是可以肯定的，真正让人们感到害怕的并不是那些外在的事物，而是恐惧情绪本身。正如富兰克林·德拉诺·罗斯福所说："我们唯一需要害怕的其实就是恐惧本身。"

面对恐惧需要有这样的认识：人们要战胜的并不是那些引起自

身恐惧的事物，而是恐惧情绪。同时恐惧也是人类最大的弱点之一，因为恐惧往往可以轻易地摧毁一个人。

其实，人的恐惧情绪大多数都是后天形成的。有这样一句俗语：“初生牛犊不怕虎。”说的就是这种现象。关于恐惧情绪的产生，有一位著名的心理学家还专门做过一个实验，尽管这个实验违反了人道主义，并不值得提倡，而这个心理学家也因此备受非议，但是实验的结果还是值得我们借鉴的。

这个心理学家名叫华生，是行为主义心理学的创始人，他相信所有的心理现象都可以用人的行为来解释。华生经常做心理实验，但是他的实验品一般都是小白鼠。在这些心理实验中，华生得到了许多宝贵的结论，并获得了心理学界的认可，也因此而创建了一个可以与当时的精神分析流派相抗衡的行为主义流派。

但是，华生在进行这一次实验的时候，实验对象居然变成了人，尽管这个人只有几个月大。这个婴儿名叫阿尔波特，是个男孩。小孩子最喜欢毛茸茸的东西，这是共性，但是华生却采取了一些特别的手段，让阿尔波特只要一看见毛茸茸的东西就恐惧。

华生先给阿尔波特提供了一只毛茸茸的非常可爱的小白鼠，在阿尔波特去接触这只小白鼠的时候，华生就通过敲打制造出巨大的噪声。起初阿尔波特只是被吓了一跳，却依然保持着对毛茸茸的小白鼠的兴趣。所以，当华生第二次把小白鼠放到阿尔波特面前的时候，阿尔波特依然用手去摸小白鼠，结果华生又制造出巨大的噪声来吓阿尔波特。

这样的实验进行了很多次，直到阿尔波特一看见小白鼠就恐惧。于是，华生就换了其他的东西，但依然是毛茸茸的。结果，阿尔波特只要一看到毛茸茸的东西就会恐惧不已。其实华生的实验并没有结束，他还设计了恐惧消失的实验。但是他这项实验已经引起了很多人的非议和批评，所以有关恐惧消失的实验也就不了了之了。

通过华生对阿尔波特进行的实验，我们可以发现，人的恐惧实际上并不是天生就有的，而是在后天环境下形成的。所以，在战胜恐惧情绪时不妨用行为主义的方式。例如，直接去面对恐惧的现象以及通过一些行为来消除恐惧。

## 别忽略潜意识的警报——恐惧背后的秘密

张石是湖南人，27 岁，半年前只身一人来到广州打工，一个人居住。来到广州工作之后，他发现自己越来越恐惧黑暗。不仅如此，在每天晚上睡觉之前，张石还会反复地检查门窗是否关好了。尽管他告诉自己，门窗早就关好了，用不着反复检查。但是张石就是管不住自己，如果在睡觉前不反复检查门窗，他根本就无法安心睡觉。

睡觉的时候，张石会变得格外敏感，一点儿声音都会惊醒他。而且在上厕所的时候，他总是会被自己的影子吓着。每次张石都会告诫自己，那只是影子罢了，没什么好怕的。但是这样的自我暗示似乎并没什么作用。下一次，他依然会被自己的影子吓一跳。

张石的恐惧随着时间的推移变得越来越严重，终于一天晚上，他根本无法在黑暗中入睡。于是他就起来把灯重新打开，但是在明亮灯光的照射下他依然睡不着。既然睡不着，张石索性起来思考恐惧黑暗的原因。

张石小时候，曾经独自一人在晚上穿越坟地，而且一点儿也不感到害怕。可是为什么年龄越大反而越怕黑了呢？张石突然想到，自己是来到广州一段时间后才开始惧怕黑暗的。与此同时，他与女友的关系也变得越来越冷淡。这其中难道有什么联系吗？

原来，张石在湖南老家有一个女友，已经到了谈婚论嫁的地步。似乎是距离的原因，张石和女友之间的关系变得越来越冷淡。在张石刚到广州的时候，他和女友每天都要通电话，但是现在他们一个星期都不见得会联系一次。虽然两个人谁也没有提出分手，但是他可以感觉到他们之间的关系越来越紧张，或许某一天真的会分手。

张石发觉，就是同女友的关系变得紧张之后他才开始惧怕黑暗的。刚到广州的时候，他根本就没有害怕过黑暗。而且在晚上上厕所的时候，还会对着卫生间的镜子做鬼脸。至于影子什么的，张石从来就没有注意过。

张石还想到，今天他之所以无法在黑暗中入睡，是因为他今天和女朋友吵架了，而且很严重。张石觉得自己惧怕黑暗与和女友之间关系的状况有着十分密切的联系。

意识到这些后，张石第二天就请假回家了。回到湖南老家后，他和女友进行了沟通。两人的关系得到了极大的改善，关系变好之后，张石继续回广州上班。从此他再也没有恐惧过黑暗。原来，张石恐惧黑暗的根源在于他和女友之间的关系。

张石的恐惧属于单纯恐惧症，也被称为物体恐惧症。这种恐惧症的对象主要是某种特定的场景或事物。如害怕接触某种动物、恐高、电闪雷鸣、黑暗、密闭空间、晕血，等等。患有单纯恐惧症的人，有时也会惧怕某种疾病或是接触病人。顾名思义，引发单纯恐惧症的原因都很单一和具体。

每种情绪都会引发某种行为，而这种行为的背后一定隐藏着某种动机。对于恐惧情绪而言也是如此。一个人为什么会对某种具体的事物或是情境感到如此畏惧，难道仅仅是害怕这个具体的事物或情境吗？其背后一定还隐藏着其他的原因，而这个原因恰恰是恐惧的根源。

张石畏惧黑暗，只要身处一个黑暗的场景，他就会莫名地恐惧，没有安全感。但是他恐惧情绪的源头真的只是黑暗这个具体的情境吗？如果是这样，那么只要张石避免身处黑暗就可以了，但事实上这很难做到。即使张石真的做到不去接触黑暗，他的问题就能解决吗？可以说，他会继续恐惧，只不过恐惧的不再是黑暗，而是换成了另一种具体的事物。因为他“需要”某种恐惧来缓解自己感情方面的心理压力。

当人们遇到让自己恐惧的事物时，一般都会避而不见。那么，对于恐怖片，为什么很多的人还会花钱去看，这不是花钱找罪受吗？

其实这只是他们转移压力的一种方式罢了。有心理学家还专门研究过这种现象，他们得出的结论是：看恐怖片可以帮助人们缓解焦虑和释放压力。所以从某种意义上讲，恐惧的情绪也有好处。

那些在现实生活中压力巨大的人们在看恐怖电影的时候，神经会随着电影所带来的恐怖气氛而紧绷，处于一种高度紧张的状态，体内的肾上腺素会加速分泌，这样会缓解一些压力和焦虑。

当然最重要的原因是，当人们在观看恐怖片的时候，会把自己的注意力转移到那个被营造出来的恐怖氛围中，这样就不会继续在意压力和焦虑了。实际上这是一种情绪转移，就是把压力和焦虑的情绪转移到恐惧上面。

张石对黑暗的恐惧其实也是情绪转移的结果。张石与女友关系的紧张让他感到一种压力，所以他的内心就用恐惧来缓解这种压力。张石对黑暗的恐惧程度也随着与女友关系的紧张而愈演愈烈。幸运的是，张石找到了病根并治好了自己的恐惧症。

如果张石没有去寻找恐惧背后的真正原因，而是一味地认为自己就是恐惧黑暗，那么他可以强迫自己在灯光下睡觉，或是让自己累到筋疲力尽的时候再去睡觉。这些也可以缓解张石对黑暗的恐惧，但是并不能真正解决问题。

我们之所以会恐惧某种特定的事物或场景，那是因为我们错误地解读了我们内心的真实想法。面对让自己恐惧的事物或情境时，人们最先想到的就是躲避。如果躲不开，就会采取一些措施去改变这种恐惧的状况。这些方式也能解决恐惧情绪，但是都是暂时的。所以不妨静下心来去思考一下自己的处境，想想隐藏在恐惧背后的到底是什么。

想要做到这些，你就必须聆听自己内心真正的想法，只有这样才能找到恐惧背后的真正秘密，才能跟随着你内心的声音做出改变，让那些恐惧的情绪烟消云散。

从张石的经历我们还可以感觉到，其实恐惧情绪也有一种独一无二的重要价值，那就是时刻提醒着我们什么才是最重要的。世界很大，人们很容易迷失自我，或许是造物主为了提醒我们关注自己的内心世界，因而创造了恐惧。

## 分清现实和想象——战胜你的恐惧

乔治是一家超市的员工，是一个工作十分谨慎和认真的人。他的谨慎和认真得到了很多人的认可，同时，他也有一个很大的弱点——非常胆小，他总是对周围的一切抱着十分警惕的态度。最要命的是，在遇到困难时，他总是会想到坏的一面，而且总是一味地逃避。当然这些并没有影响到他目前的生活，他还是一个优秀的员工。

直到有一天，这些负面的情绪已经开始决定他的生死。这天，乔治工作的超市营业额提高了很多，所以老板决定让员工早点下班。大家一听可以提前下班，都十分高兴，于是急匆匆地收拾完就回家了。可是，大家没有注意到乔治还在超市的冷冻仓库里清点存货，有人把冷冻仓库的门从外面锁上了。

当乔治完成了工作，准备离开的时候，才发现仓库的门被人从外面锁住了。于是，乔治不停地敲打仓库门并且大声喊叫，希望有人可以把门打开。但是超市的员工早就下班了，超市里漆黑一片，除乔治的喊叫声和敲门声外什么也没有。

乔治喊了很久，也敲了很久，但是依然没有人回应。最后乔治终于意识到，超市里除了他之外根本没有其他人，乔治被一种从未有过的恐惧所笼罩，渐渐地生出一种绝望的情绪，跌坐在地上。

乔治是超市的员工，自然知道冷冻仓库里的温度非常低，如果在这个低温环境中待上一晚，一定会被冻死。乔治一想到这里，就感到了一种从未有过的寒冷。他感觉到自己的体温被这个冷冻仓库里的冷气不断地剥夺，于是乔治开始蜷缩起来，似乎只有这样才能得到一丝丝温暖。

乔治在这种寒冷的状态下变得越来越恐惧和绝望，他忍不住颤抖起来，最后居然哭起来了。他觉得自己实在太倒霉了，不久就要丧命于此。

第二天，这家超市的员工像往常一样来上班，当一名工作人员打开冷冻仓库的大门时，发现原来这里还有一个人。工作人员马上跑过去，当他碰到这个人的身体时吓了一跳。起初工作人员只是觉得这个人睡着了，但是他的身体却十分坚硬，就和死人一样。

这名员工很快就通知了其他人并且叫来了救护车，乔治被送往医院急救，然而他早已经命丧黄泉。据尸检结果，乔治已经死亡了很长时间，而且是被冻死的。他全身的肌肉都十分僵硬，这明显是低温冰冻的结果。

但是让人诧异的是，事发地点也就是那个冷冻仓库的温度其实并不足以把人冻死。原来，由于昨天超市的东西几乎都卖光了，尤其是冷冻食品。而冷冻仓库里的剩余食品都是一些不需要冷冻的东西，于是超市老板就让一名员工在锁上冷冻仓库时，顺便把冷冻仓库的冷气也给关掉了。

冷冻仓库的冷气根本就没有开！也就是说，冷冻仓库里的温度并不是很低，乔治却在那天晚上被这种温度给“冻”死了。面对这样的结果，许多人都觉得不可思议。事实上，冻死乔治的并不是温度，而是乔治的恐惧。

恐惧情绪之所以会给人们带来这么大的影响，有时甚至会置人于死地，最重要的原因是伴随着恐惧情绪的还有一种绝望的心理。人们为什么会有恐惧的感觉？其实就是对一些事物丧失了一种掌控力，也就是说这些引起人们恐惧的事物不仅是危险的，还是不可控制的。面对这种不可控，人们就会丧失希望，从而滋生绝望的心理。

恐惧的情绪不仅十分常见，而且还是一种难以克服的情绪。因为人们在面对让自己恐惧的事物时，往往无法进行理智的思考，总会有一种逃避的冲动，希望马上让自己摆脱这种危险的情境。所以，在面临那些让自己恐惧的事物时，不妨试试以下的这些措施，来减轻恐惧情绪，从而减少恐惧情绪所带来的严重后果和伤害。

1. 把恐惧扼杀在摇篮里

扁鹊是传说中的神医，他曾经这样评价自己和两位兄长的医术：“在我们兄弟三人中，大哥的医术最佳，二哥次之。我才是医术最差劲的人。”许多人在听到扁鹊的话后都认为这不过是扁鹊的自谦之词。如果扁鹊的大哥和二哥的医术都比扁鹊高的话，那为什么扁鹊是人所共知的神医，而他的大哥和二哥却默默无闻呢？

扁鹊这样解释：“我大哥在治病时，总是能在病人的病还在萌芽的时候就治愈他们。那个时候病人还感觉不到自己有病，自然不会对大哥感恩戴德。我二哥在治病时，病人刚刚可以感觉到，所以我二哥只是一名治小病的医生。而我只有在病人病入膏肓之际才治疗，所以病人都认为我是一名神医。”

在治疗身体上的疾病时，我们都知道，当疾病刚刚开始的时候，治疗起来最容易。相反拖得越久，就越难治疗。对于恐惧情绪也一样，当恐惧情绪还处在萌芽状态的时候，就应把它扼杀在摇篮里。

战胜恐惧情绪和身体上的治疗又有不同之处，因为人们在治病的时候不会逃避，但是在面临恐惧的时候会逃避。所以在那些让自己恐惧的事物刚出现时，一定要勇敢去面对。当你去面对的时候，恐惧也会随之消失。

如果一直拖下去不去努力面对，那么这种恐惧的感觉就会随着时间的推移而增长，最后你会变得越来越恐惧。

2. 向他人讲述你的恐惧

如果说将快乐与他人一起分享就可以变成两份快乐的话，那么向他人讲述你的恐惧，这种恐惧的压力就会减小一半。

很少有人愿意去和他人诉说自己的恐惧，他们觉得恐惧并不是什么光彩的事情，这样还会给周围的人一种不好的印象。因为在许多人眼中，恐惧是一种不正常的心理，而且是胆小的象征。事实上，恐惧心理是人类所共有的弱点，没有人可以摆脱。所以恐惧是一种非常正常的心理，是每个人都会遇到的。

既然这样，你在向他人诉说你的恐惧时也就没必要有什么心理障碍了。其实，向他人诉说你的恐惧也是一种面对，因为只有你坦诚地诉说你的恐惧，才有机会和勇气去战胜它。在选择倾诉对象的时候，最好选择一些亲朋好友或是值得你信赖的人。他们会和你站在同一战线上，与你共同面对。

3．身体调节

当一个人面临恐惧的事物时，不妨试试以下这种方法。多进行几次深呼吸，因为深呼吸可以让你扩大自己的腹腔，从而使你的太阳神经丛（位于腹部，因为是以肚脐眼为中心向四周扩散开来，就好像太阳的光芒一样，所以被称为太阳神经丛）得到苏醒。这是一种最直接而有力的方式。

在进行深呼吸的时候，你的吸气动作需要保持一两秒的时间，这样你可以吸进更多的氧气，而这些被吸入身体的氧气会冲入你的胸腔，从而扩张你的腹腔。你的脸部会因为只吸气不呼气而涨得通红。

这时不要忙着呼气，继续进行吸气，时间依然是一两秒。在这个只吸气不呼气的过程中，你会将所有的气体都保留在体内。在这个过程十分迅速的吸气中，你的胸腔和腹腔会得到交替扩张。这样的吸气需要进行四五次，然后再做呼气。如此你的恐惧就会随着这四五次吸气和一次呼气而烟消云散。

如果你的恐惧情绪还没有消失，你可以重复进行这样的深呼吸，直到恐惧的情绪已经远离你。这样的方法一般很管用，用不了多久你的情绪就会恢复正常。

人的情绪往往和生理有着密切的联系。例如，当人们被恐惧的情绪所笼罩时，就会处于一种高度紧张的状态，这时体内肾上腺素的分泌就会加速，于是就会出现心跳加快和出汗，甚至神经质发抖的现象。而以上这种深呼吸的方法就是从身体调节的角度去抑制恐惧情绪对人们的影响。

4. 分清现实和想象

大多数人的恐惧通常都来源于个人丰富的想象力，而乔治就是被自己的想象力给“冻死”的。实际上现实中很多时候并没有你想象的那么恐怖。如果你对一种事物感到恐惧的时候，你就需要把它们好好分分类，看看你的恐惧情绪到底是来源于现实生活中，还是你想象中的世界，换句话说看看是不是自己吓自己。

当人们遇到一些可能会对自己不利的事物时，就会在头脑中事先设想这种不利事物的严重后果，于是就出现了许多让人们恐惧不已的假设，然后就开始为这些子虚乌有的假设不断地恐惧。例如，当一个准备并不充分的学生参加一个很重要的考试时，他就会想：“我根本就没有准备好，这场考试对我来说很重要，如果我考不好就会很惨。”于是，这个学生就开始幻想各种不好的结果，他就开始对考试产生一种恐惧。事实上，这种恐惧的情形在现实生活中根本就不存在，只是他自己想象出来的罢了。

## 循序渐进，吃掉恐惧——系统脱敏疗法

系统脱敏法是心理治疗中经常会使用到的方式之一，是由美国心理学家沃尔普发明的，沃尔普是行为主义流派的代表。沃尔普的这种心理治疗方式还是从动物实验中发现的。

沃尔普把一只猫关进了一个特制的笼子里，并不断地对猫进行电击。进行了很多次，直到即使不再对猫实行电击，猫只要在这个笼子里就会有被电击的表现，如抽搐。

这时，沃尔普再给饥饿的猫喂食。沃尔普发现猫拒绝进食，即使是它最喜欢的鲜鱼。后来，沃尔普把猫带到了一个远离笼子的地方，结果发现猫只要不看到那个笼子就会正常进食。或许，在猫的心中，那个笼子就是痛苦的象征。

这是沃尔普实验的第一步，第二步就是帮助猫摆脱对笼子的恐惧。起初，沃尔普只是把这只猫放在一个离笼子很远的地方，完全看不到笼子，这时猫可以正常进食。后来沃尔普就把猫放在了一个距离笼子稍近的地方，猫可以看到笼子的存在。这时猫表现出了痛苦的恐惧，但是依然可以进食。

沃尔普就是通过这样循序渐进的过程，让猫逐渐接近那个引起自己痛苦和恐惧的笼子，与此同时猫还获得了食物。渐渐地，这只猫完全可以在笼子里进食了，而且也不会再对笼子感到恐惧和痛苦。猫的恐惧与痛苦就在这样的方式下消失了。根据这个实验，沃尔普发明了系统脱敏的心理治疗方法。

沃尔普曾经说过："在动物心理中，快乐和痛苦的关系是此消彼长的。当一只老鼠看到一幅逼真的猫画像时，会感到恐惧，尽管这只画中的猫并不会带来危险。但是如果采用循序渐进的方式让老鼠逐渐接近引起恐惧的猫画像，同时给予老鼠食物的诱惑，而且食物还会随着时间而增加，这样老鼠对猫画像的恐惧就会不断降低，有一天会完全消失。这种心理特点不仅适用于动物，对人来说也是如此。”

系统脱敏治疗法目前被认为是最安全和最有效的行为主义治疗法，因为这种方式更容易被人们所接受。系统脱敏法与设定目标有相似之处。例如，对于一个学习成绩很差的学生来说，如果直接要求他成绩优秀几乎是不可能实现的。所以，想要把这个学生变成一个成绩优秀的学生就需要慢慢来，设定一个个小的目标，并逐步实现。这次考试的目标是及格，下次目标是 70 分等，以此类推。

用系统脱敏法摆脱恐惧也是这样。一个人会有很多恐惧的事物，所以你可以为自己的恐惧列一个清单。在这张清单上有各种让你恐惧的事物。然后你需要给这些让你恐惧的事物打分，打分的范围是 0 ～ 10 分。最严重的恐惧是 10 分，不严重的恐惧分值可以酌情降低。

你需要拿着这张清单去逐步克服这些恐惧，从低分到高分。在每次克服成功后，你可以酌情奖励一下自己。就好像沃尔普实验中的猫一样，得到了食物的奖励。而且这种奖励也需要一个渐进的过程。当你克服了较小的恐惧时，一点点的奖励就可以了。如果你克服了较大的恐惧，那么你就需要好好犒劳自己。奖励的方式可以根据你个人的喜好而决定。

可以说在系统脱敏法中，奖励是必不可少的。每一个人得到奖励时都会很高兴，而这种愉快的情绪可以削减恐惧的痛苦。

# 与恐惧面对面较量——暴露疗法

徐莹20多岁，不知从什么时候开始她就一直窝在家里不出门，但是她并不是什么宅女，而是因为恐惧。徐莹只要一离开家就会感到不安，严重时还会被一种巨大的恐惧感所笼罩。徐莹尤其不能去那些空旷的场所。

最开始，徐莹还会出去，但是随着恐惧的逐渐加深，徐莹出门的情况越来越少。到现在，徐莹基本上不出门，整天待在家里。因为在她看来家里是最安全的场所，外面则是一个充满着危险的地方。

虽然，徐莹在家人的陪同下偶尔也出去，但是这样的情况很少。如果没有家人的陪同，徐莹根本就不会出门。如果在古代，徐莹可以保持这样大门不出二门不迈的状态。但是生活在现代的徐莹，这样恐惧出门根本就不可行。

起初，徐莹的父母觉得女儿可能得了自闭症，但是女儿和他人的交谈并不成问题。有时候家里来了徐莹不认识的人，徐莹也能说上话。最后徐莹的父母决定带着女儿去看心理医生。心理医生采用了强迫徐莹独自一人待在空旷场所的治疗方法。过了一段时间后，徐莹的恐惧居然消失了。

徐莹是一个场所恐惧症患者，而心理医生所采用的治疗方式是暴露疗法。暴露疗法是一种骤进式的治疗方法，也属于行为主义疗法，与系统脱敏疗法正好相反。如果说系统脱敏疗法是让人渐渐接触那些引起恐惧的事物或场景，那么暴露疗法就是直接让人去接触引起恐惧的事物或情境。

徐莹作为一个场所恐惧症患者，只要一到空旷的场所就会无故惊恐。而心理咨询师却让她独自一人去面对空旷的场景，这就是在使用暴露疗法。

当一个人去直接面对让自己恐惧的事物时，他就会接收到一种强烈的刺激，由于无法逃避，所以只能去面对。这时，这个人会产生极度的恐惧反应。但这种反应有一定的时间限制，等过了一定的时间后，这种极度的恐惧反应就会消失。

当恐惧反应消失之后，这个人就会恢复理智。这时他就会发现，其实眼前的这个事物并没有那么可怕，而且并不会对自己造成危害。因为他并没有受到恐惧对象实质性的伤害，于是他就会重新认识这个恐惧对象，建立起一种新的认知。这种新认知的建立就是消除恐惧的过程。

暴露疗法比系统脱敏疗法更迅速，往往能取得立竿见影的效果。但是在使用暴露疗法之前，一定要确定使用对象的承受能力。这种承受能力既是身体上的也是心理上的。如果一个人的身体条件并不好，那么他极有可能会在极度恐惧的情境下出现昏厥。这样不仅达不到消除恐惧的目的，反而会让他更加恐惧。而心理承受能力差的人也是无法接受突然而来的极度恐惧的。

通常情况下，使用暴露疗法需要有他人在场的情况下才可以进行。除了防止意外情况的发生，还是一种督促，毕竟让一个人主动去接触令他感到恐惧的事物总是很困难的。而且在运用暴露治疗法的时候，还需要有一定的抢救知识和设施，以防出现意外。

其实暴露疗法和强迫疗法很相似，都是让人直接去面对引起自己恐惧的事物，然后适应强大的心理刺激，从而达到让恐惧消失的目的。

# 第五章

# 缺陷是用来补偿的——心理学教你如何超越自卑

面对完美的人，我们会感到自卑。但是，其实他们并非如我们想象般完美，同样有缺陷和烦恼。缺陷是用来弥补的，自卑是用来超越的。正因为如此，生命引擎才有了原动力。

## 学阿德勒超越自卑——自卑的心理补偿

阿尔弗雷德·阿德勒是一个著名的心理学家，早年曾经跟随弗洛伊德学习精神分析心理学，但后来因观点不同，两人决裂了。

弗洛伊德是精神分析心理流派的创始人，但是由于他总是很固执地坚持自己的观点，导致很多曾经追随他的人最后都因为观点的不同而与他决裂，如阿德勒、卡尔·古斯塔夫·荣格、凯伦·霍尼。不同的是，阿德勒是第一个与弗洛伊德决裂的人，这是需要很大勇气的。在脱离精神分析流派以后，阿德勒创建了自己的心理学流派，并把这种新的心理学流派命名为“个体心理学”。

就是这样一个在心理学界响当当的人物，曾经也被自卑所深深困扰过。阿德勒于1870年在维也纳出生，是家里第三个出生的孩子，上面有一个哥哥和一个姐姐。阿德勒的哥哥从小就是一个十分优秀的人，不论在学习还是体育上都是佼佼者。而阿德勒的童年生活就是在哥哥光环笼罩下的阴影中度过的。

阿德勒从小就体弱多病，而且还被佝偻病所困扰。因为佝偻病，阿德勒的外形看起来十分怪异，再加上与同龄人在进行体育运动和室外游戏的时候总是远远落后，这使得本来就自卑的阿德勒变得更加羞于见人。

不过在阿德勒两岁之前生活还是很不错的，尽管他处处不如优秀的哥哥，但是却因为体弱多病而得到了妈妈的特殊照顾。在三个孩子中，阿德勒的妈妈最疼爱的就是阿德勒了。这种疼爱对阿德勒来说无疑是灰暗生活中的一缕阳光。但是，这缕阳光随着阿德勒弟弟的出生而转移了。

阿德勒曾经回忆说："在我两岁之前，妈妈很宠爱我。但是当弟弟出生之后，她所有的注意力都转移到弟弟身上了。而我有一种被抛弃的感觉。"从此之后，阿德勒总是被自卑困扰着。

阿德勒不仅在家里感到自卑，在学校也不例外。因为这种自卑心理，阿德勒的功课并不优秀。有一年，阿德勒的数学成绩十分糟糕，没有及格，需要重新学习这门功课。面对成绩如此糟糕的学生，老师理所当然地请来了阿德勒的父亲。

老师在与阿德勒的父亲进行交谈的时候，劝诫阿德勒的父亲为阿德勒重谋生路，因为阿德勒并不适合学习。老师建议阿德勒的父亲把阿德勒送往鞋匠那里当学徒，因为这样阿德勒会掌握一种谋生技能。

这件事情深深地打击了阿德勒本来就很脆弱的自尊心，也大大地刺激了阿德勒敏感的神经。从此之后，阿德勒像疯子一样努力学习。阿德勒的努力很快就获得了成果，不久之后阿德勒成为班上数学成绩最好的学生。1895 年，学习成绩优秀的阿德勒进入维也纳大学学习医学。

后来阿德勒写了一本书，名字叫《自卑与超越》，因为阿德勒已经成功战胜了自卑。而阿德勒的一生也被认为是努力克服自卑的榜样。

追求完美是许多人的目标，可是人并不是完美的，每个人都有缺陷，而这些缺陷就成了很多人自卑的原因，而这种自卑往往会制约人们努力向上的动力，从而陷入一种恶性循环中。

阿德勒是一个天生体弱多病的人，而且患有佝偻症。这些都是无法改变的先天缺陷。正是因为这种生理缺陷的存在才导致了阿德勒自卑的心理，阿德勒还把这种自卑心理带到了学校中。

被自卑笼罩的他学习成绩变得越来越差，而这种差的学习成绩再加上体弱多病又使得阿德勒越来越自卑，于是阿德勒就陷入了自卑的恶性循环中。但是后来阿德勒奋发图强，成了一个学习成绩优秀的学生。

学习成绩的优秀让阿德勒重拾自信心，逐渐战胜了自卑的心理。可是阿德勒那自卑的源头——身体的缺陷并没有得到改变。那么，到底是什么让阿德勒战胜了自卑呢？是优异的学习成绩吗？表面上看是这样的。

但是真正的原因是“心理补偿”。既然每个人都是有缺陷的，而且无法做到百分之百的完美。那么，为了消除这种缺陷所带来的自卑，更积极地去面对生活，就需要追求一种“心理补偿”，这种“心理补偿”往往会帮助人们战胜自卑。

“心理补偿”，是指当一个人被自身所存在的缺陷（这种缺陷既有生理上的也有心理上的）所干扰时，就会陷入一种自卑的状态，而这种自卑心理往往会影响目标的实现。这个时候，人们就需要采取一些途径来弥补这种缺陷，从而获得一种心理上的满足，这种“心理补偿”往往能减轻这些缺陷对人们所产生的负面影响。

阿德勒因为自身体质的缺陷而自卑，于是他努力学习。优秀的学习成绩弥补了因为身体缺陷所造成的心理缺陷，因此阿德勒获得了一种心理上的满足，“心理补偿”也就成功完成了。所以，阿德勒战胜了自卑。

“心理补偿”往往体现在通过另一方面的成功而代替那些无法弥补的缺陷。换句话说，当你之前所设定的目标没有实现时，你就会有一种失落的自卑感。但是你可以通过实现另一个目标来代替原来那个没有实现的目标，于是这种心理满足感就会帮助你克服之前失落的自卑感。

贝多芬是德国著名的钢琴家、指挥家和作曲家。对于一个以音乐为生的人来说，听力是比生命还要珍贵的。在我们的既定价值观中，一个双耳失聪的人是无法从事音乐创作的，因为这违背了基本的自然规律。

但是，贝多芬用他的实际行动打破了人们的这种既定价值观。即使双耳失聪，也依然可以进行音乐创作。贝多芬的音乐创作向世人诠释了音乐的真正含义。

音乐是需要用耳朵听的，也是需要用耳朵去创造的，这是我们所知道的常识。但在贝多芬看来，音乐是来自灵魂的声音，音乐需要用心来听，需要用心去创作，正是因为这样，他才可以在双耳失聪后依然可以给人们带来那么多优秀的音乐作品。

古希腊有这样一句俗语："愿意跟着命运走的人，命运领着走；不愿意跟着命运走的人，命运拖着走。"在古希腊人看来，任何人都无法逃脱自己的命运，每个人都是命运的奴隶，而命运就是主宰万事万物之王。

古希腊人是十分相信命运的，这点可以从他们的神话传说中看出来。而古希腊又是西方文明的起源，也就是说西方人普遍都会受到古希腊思想不同程度的影响。

所以大多数人都是相信命运的，相信冥冥之中自有主宰，人们只要奉命行事就可以了。依照这样的既定价值观，贝多芬就应该听从命运的安排，向命运屈服。

因为对于一个钢琴家、作曲家、指挥家而言，失去了听力的同时也就失去了音乐。很明显，命运是在告诉贝多芬，其实你并不适合搞音乐，放弃吧，连听力都失去了，你还怎么创作！

但是贝多芬并没有向命运屈服，他"扼住了命运的咽喉"，成了命运的主人。同时也战胜了双耳失聪的缺陷，成为音乐史上的传奇。

大多数人都会因为自身的缺陷而陷入自卑之中，并认为自己命该如此，便放弃了原定目标。但是依然有人向自己的缺陷发出挑战，然后通过自己的努力战胜这种缺陷，实现原定目标，重拾自信。

人的努力往往会弥补自己行为上或是生理上的缺陷，让自己获得强大的战胜困难的力量，从而达到一种"心理补偿"，消除自卑的心理。

希腊政治家狄赛西格斯是一个著名的演说家，口才十分好，但就是这样一个口齿伶俐的人曾经是一个口吃患者。因为口吃，狄赛西格斯不能像正常人那样吐字清晰地说话，于是狄赛西格斯很自卑，正是因为这种自卑心理的影响，他连说话的声音都不敢提高，总是害怕别人嘲笑自己。所以，狄赛西格斯的说话声音总是很微弱。

后来，狄赛西格斯决定克服口吃的缺陷，他每天都会把一颗鹅卵石放到嘴里面练习说话。这习惯被狄赛西格斯坚持了很多年。

狄赛西格斯的努力得到了回报，他终于克服了先天口吃的毛病，成为一个说话流畅的人。后来经过自己的一番练习，逐渐成了一个著名的演说家和政治家。

自卑的心理很正常，因为每个人都会因为自身所存在的缺陷而自卑，自卑也是我们无法逃避的负面情绪之一。所以为了避免自卑对我们产生消极影响，我们就需要努力克服自身的缺陷，或者把这种缺陷变成一种优势。只有这样，自卑才不会扩大它对人们的消极影响。

## 从绊脚石到垫脚石——接受你的缺陷

奥普拉·温弗瑞是一位著名的节目主持人，她创造了一个奇迹——塑造了一个全球电视史上收视率最高的脱口秀节目。但就是这样一位优秀的主持人，在刚刚从事主持人行业的时候，曾经被解雇，因为温弗瑞有一个致命的缺陷，正是因为这个缺陷，许多人一致认为她并不适合主持人这个职业。

奥普拉·温弗瑞出生于美国密西西比州，她的梦想是成为一名优秀的主持人，为了实现这个梦想她无时无刻不在努力着。后来，温弗瑞考入了一所州立大学，并在大学中专修演讲和戏剧。

毕业后，奥普拉·温弗瑞因为优异的成绩被美国巴尔的摩的一家电视台录用，并如愿以偿地成了一名电视台的播音员。为了能胜任这份工作，温弗瑞做出了很多努力，私下里准备了很长时间。

温弗瑞第一天上班时所要播报的新闻中，有两条是比较特殊的，一条是有关家庭暴力的新闻，另一条是一对相恋了四十二年之久的恋人，历经坎坷终于在一起了。

温弗瑞在播报新闻的时候，表现得十分镇定，但是当播报到那则有关家庭暴力的新闻时，温弗瑞明显控制不住自己的情绪，她不仅表现得十分愤慨，而且还斥骂那个施暴的男人。最后居然连新闻稿子都扔掉了。

播报完这条新闻之后，温弗瑞的情绪又恢复了正常。但是当她播报到那条令人感动的爱情新闻时，她的情绪明显又失控了。温弗瑞表现得十分激动，就好像她是那条新闻中的主人公一样。后来她又把新闻的稿子给扔掉了，还旁若无人地手舞足蹈起来，似乎只有这样才能表达出她那兴奋和激动的心情。

这种情况并不是温弗瑞想要的，她在播报新闻之前已经认真准备过很多次，但是不知为什么在正式播报新闻的时候，还是控制不住自己的情绪。

温弗瑞理所当然地被解雇了，因为电视台认为温弗瑞无法合理地控制自己的情绪，总是把自己的情绪带到工作中，温弗瑞并不适合新闻主持这份工作。

被解雇后的温弗瑞并没有放弃自己的梦想，毕竟这个梦想是她从小就开始坚持的，并不是一时兴起。失业没多久的温弗瑞就听说了一个招聘主持人的消息。原来，另一家电视台正在组建一个早间新闻的节目。在听到这个消息后，温弗瑞就满怀信心地去应聘了。

是金子总会发光，这家电视台的主管不仅很欣赏温弗瑞的出色表现，而且还认为温弗瑞那无法控制的情绪流露，正是温弗瑞的特色，是她率性的表现。最后，这家电视台的主管决定聘用温弗瑞，并为她专门设置了一个富有特色的早间谈话节目。于是，温弗瑞大展拳脚的机会到了。

在这个早间谈话节目中，温弗瑞把自己的率性而为发挥得淋漓尽致。悲伤的时候，温弗瑞会和嘉宾一起痛哭；开心的时候，温弗瑞会和嘉宾一起兴奋得手舞足蹈。这样一来，温弗瑞所主持的这个早间谈话节目就具有了很强的代入感，观众很容易被带入这个节目中，和温弗瑞一起哭、一起笑。

另外，温弗瑞的口才和现场发挥也很出色，再加上她那丰富的感情投入，使得这个早间谈话节目一经播出就获得了很高的收视率，而且收视率一直居高不下。

温弗瑞在这家电视台工作了六年，后来她只身一人来到了芝加哥，并开始主持另一个访谈节目——《芝加哥早晨》。由温弗瑞所主持的《芝加哥早晨》很快就获得了很高的收视率，并成为美国最受欢迎的访谈节目。注意是最受欢迎的访谈节目，没有之一。

由于温弗瑞的出色表现，一个月之后，电视台正式决定把这个《芝加哥早晨》的访谈节目以奥普拉·温弗瑞的名字命名。

温弗瑞在节目中的率性表现不仅打动了观众，而且还感动了那些嘉宾。汤姆·克鲁斯因为感动在节目中当着观众的面向女友表达爱意；迈克尔·杰克逊因为温弗瑞的人格魅力，在节目中与温弗瑞谈起了幼年时的悲惨经历，还有皮肤漂白的各种传闻。而这些无疑又使温弗瑞所主持的访谈节目的收视率大大提高。

每个人都存在缺陷，而这些缺陷常常也是让人感到自卑的根源。有许多人都在幻想，如果没有这些缺陷的话，那么自己就一定能成功。因为他们认为这些缺陷是自己前进道路上最大的绊脚石。

正是因为这些缺陷，让许多人失去了继续努力和奋发向前的动力，他们被这些缺陷给束缚住了，从而离自己所预定的目标越来越遥远。

事实上，真正束缚人们的并不是缺陷本身，而是因这些缺陷所产生的自卑感。这种自卑感就是一种无形的枷锁，束缚和压制了人们所有的动力。

面对缺陷，人们想到的往往就是弥补，希望尽自己最大的努力去弥补这些缺陷，当缺陷消失后，自然可以获得自信和成功。这或许是一个不错的办法，在面对自身的缺陷时，人们的确不能总是沉浸在自卑之中，而是要鼓励自己去战胜这些缺陷，从而继续朝着自己的目标努力奋斗。

但是凡事都会有例外，如果经过自己的努力依然没有克服自身的缺陷，该怎么办呢？放弃努力，还是越挫越勇？越挫越勇的勇气固然可敬，但是适当的放弃也是一种智慧的选择。

舍得,舍得,有舍才有得。当你放弃克服自身缺陷而努力的时候，你会回过头重新审视自身的缺陷，你会开始思考这些所谓的缺陷到底是不是缺陷。于是，你就会渐渐地发现，原来所谓的缺陷也正是自己个性的体现。

所以，在面对自身的缺陷时，还有另一种行为选择。你可以把自身的缺陷适当地进行改良，让这缺陷成为自身的特色。这样一来缺陷就不再是缺陷，而是自我价值的一部分。这时，你会发现缺陷这块绊脚石已经成为你前进道路上的垫脚石。

缺陷有时也能成为一个人的特色，这就需要你对自身有一个清楚的认识。老子在《道德经》中说：“知人者智，自知者明。”古希腊也曾流行过这样一句话：“认识你自己。”由此可见，人有自知之明是很重要的。

每个人都是不同的，对自身的缺点和优点的认识往往来源于外界，也就是周围人的评价。当周围的人都在称赞你的时候，你就会认为这是你的优点；当周围的人都批评你的时候，你就会认为这是你的缺点。实际上你根本就没有真正认识自我。

一个人如果只活在周围人的评价中，往往很容易迷失自己。如果温弗瑞只活在他人的评价中，那么在她第一次被电视台拒绝的时候，就会否定自己，认为自己根本就没有做主持人的天分，于是她有可能就会改从其他的行业。

所以，我们需要正确认识自己，并在现实生活中为自己正确定位。这便需要你放下自卑，重新审视自身的缺陷，这时你会发现原来那些缺陷或许正是你自身特色的体现，你的缺陷具有很高的价值，你便会从你的缺陷中重拾自信。

## 瑕疵也是一种美——欣赏生活的缺陷美

有一个伟大的雕刻家，他的雕刻技术十分精湛，他所创造出来的作品都接近完美，因为这个雕刻家在进行艺术创作的时候，总是会告诉自己：“我一定要雕刻出最完美的雕像。”雕刻家的努力没有白费，因为对于他完成的每件作品，人们都分不清真假，不知到底哪个是真人，哪个才是雕像。

时光飞逝，这个风华正茂的雕刻家已经风烛残年。有一天，雕刻家的一个占星师朋友告诉他说，他的死亡期限已经到了，死神就要来接他了。

尽管他是一个伟大的雕刻家，但是面对生死问题的时候，他和普通人没有什么区别，他害怕死亡，也不想死。伤心了一段时间后，这位雕刻家便冷静了下来，并开始思考对策。后来他想出了一个自认为很高明的对策：他做出了十一个和自己一模一样的雕像，来迷惑死神的眼睛。

终于死神来了，那天晚上雕刻家把自己藏在了这十一个雕像之间。雕刻家的技术果然巧夺天工，成功蒙蔽了死神的眼睛。因为这个雕刻家控制住了自己的呼吸，并和十一个雕像站在一起。死神面对着面前一模一样的十二个"人"开始困惑，因为死神不知道哪一个才是真的。

无奈之下，死神只好向上帝请教。上帝告诉了死神一句话，并让死神到雕刻家的藏身之地时说出来。死神有些怀疑，但是上帝笑了笑说："放心，这句话肯定管用，你会成功找出那个真正的雕刻家的。"

死神带着将信将疑的态度来到了雕刻家的藏身之地，四处张望了一会儿后说："先生，你的雕像看起来几乎完美，但是却有一个小瑕疵。"

听到这句话后，那个追求完美的雕刻家马上质问道："瑕疵？你在开玩笑吗！我的作品从来都是完美的，你说说看到底哪里有瑕疵？"这时，雕刻家已经完全忘记了自己要躲开死神的初衷。

死神达到了自己的目的，就开始笑起来："这就是你最大的缺点——你总是在追求完美！就连天堂中也不存在完美，更别说是人间了。好了，伟大的雕刻家先生，你应该和我走了。”于是死神成功地带走了雕刻家。

追求完美几乎是每个人的目标，许多人也认为这是一个优点，但是追求完美的个性，有时也会成为一个致命的缺点。

在“二战”时期，美军曾经抓到一个德国军官，这个德国军官在德军中的地位很高，而且掌握着许多军事机密，同时他也是一个十分忠诚的人。

美军想了很多办法，也没有从这个德国军官那里得到一丝对自己有利的信息。本来美军基本上已经放弃了审讯。后来一个人的建议让美军审讯人员茅塞顿开。

原来这个德国军官有一个特点，那就是习惯于追求完美。美军决定利用德国军官的这个特点。美军每天都会带这个德国军官去听讲座，实际上这些讲座是专门针对德国军官的。这是一些漏洞百出的讲座，所讲的内容充满了错误，而且那些讲课的人还表现得非常自信，认为自己讲的就是真理。

其实这只是表面现象，或者说是一个陷阱。果然没过多久，这个德国军官就忍不住了，对于这样一个追求完美的人来说，他是无论如何都无法忍受这些漏洞百出的讲座的。最后，这个德国军官不仅纠正了讲课人的错误，甚至还直接上台进行授课。

这个德国军官在讲课的时候变得神采飞扬，就好像是在对自己的士兵进行授课一样，他似乎已经忘记了自己身在敌营的事实。结果，美军就是通过这样的方式获取了许多有价值的信息，并很快应用到了战争中。

真正打败这个德国军官的其实就是他追求完美的优点，有时候一个人的优点恰恰会成为他致命的缺点。

追求完美并没有错，格式塔心理学也认为追求完美是每个人都具备的基本需求之一。绝大多数人不仅在追求幸福的生活，同时也在追求完美。

但是生活中到处都是不完美，人本身也存在着缺陷。人们往往会因为自身的缺陷而丧失信心，陷入自卑之中，于是在生活中就会遇到很多意想不到的挫折。

当一个人遭遇挫折的时候，他的完美感就会被严重伤害，他的内心就会感到非常不舒服。为了摆脱这种不舒服的感觉，他们就开始更加努力地追求完美。于是，追求完美的目标就会变成一种沉重的负担。

在完美主义者看来，人生就应该是一条直线。但是事实上，人生根本不可能是直线，而是崎岖的小路。于是，那些完美主义者就会变得越来越不幸福，因为过于沉重地追求目标往往会让人感到负担，从而无法体会人生的快乐。

所以我们需要接受缺陷，这个世界上根本就不存在完美。正是因为这样，自身的缺陷更不应该成为你自卑的理由。

# 做与众不同的你——保持个性

在日本，有一个小孩在书法方面十分有天赋，9岁那年夺取了日本青少年书法大赛的冠军，参加比赛的四幅书法作品被私人买家高价买走。这个书法神童立刻在日本引起了很大的轰动，一时间不少人都开始练习书法。

日本著名的书法家小田村夫在观看过这个书法神童的作品后，这样预言："他将成为日本未来书法界的一颗新星。"

小田村夫在静静地等待着这个书法神童的长大，二十多年很快过去了，书法界升起了许多新星，但是依然不见当年那个神童的影子。这让小田村夫很不解，于是他决定寻找这位当年的书法神童。

当小田村夫找到这个神童后，马上观看了这位神童的书法作品，看完后小田村夫说了一句："右军，你又毁了一个神童！"

小田村夫所提到的右军其实就是中国1600多年前著名的书法家王羲之，号称"书圣"。王羲之的书法作品有"漂若游云，矫若惊龙"的美称。

小田村夫为什么会把这个罪名安到王羲之的头上呢？毕竟这个一千六百多年前的古人与这个神童是一点儿关系也没有。这样一来，王羲之是不是太冤枉了？

原来，这个神童十分崇拜王羲之的书法作品，于是从很小的时候就开始临摹王羲之的字帖。这种临摹长达二十多年，在这个过程中神童的书法个性已经完全丧失。如今，这个神童的书法作品如果和王羲之的作品放在一起，已经难辨真假。

但是这个神童的书法作品始终是赝品，没有人愿意收藏一幅是赝品的书法作品。而神童也因为模仿而完全丧失了自己的书法个性，成了一个平庸的人。

在面对那些伟大的成功人士时，普通人总会有一种自卑和崇敬掺杂的感觉。于是，人们总是会不自觉地去模仿这些优秀的人。在这个模仿的过程中，个性反而被磨灭掉了，最终依然还是一个平庸的普通人。于是，人们就开始抱怨运气不好，陷入自卑之中。

每个人都是独一无二的，不应该一味地拿别人的标准来要求自己。一个人总是去模仿别人，无法坚持自己的个性，其实也是一种自卑的体现。因为保持自我的本色和个性是需要勇气和信心的。一个自卑的人是无法做到坚持自我和保持个性的，他们总是在迎合周围人的眼光和评价，永远活在别人的世界中。

人本主义心理学家马斯洛曾经提出一个需要层次理论，认为人的需求主要分为五个层次：生理需要、安全需要、情感和归属的需要、尊重的需要、自我实现的需要。

一个人想要满足自我实现的需要，就必须坚持自己的个性，只有这样你的特色和优势才能完完全全地发挥出来，你才能摆脱自卑的阴影。

## 有所为，有所不为——不做不擅长的事情

1952年，以色列独立以来的第一位总统魏茨曼不幸离世。这个总统与著名的物理学家爱因斯坦是好朋友。所以在魏茨曼去世的前一天，爱因斯坦就接到了一封信，这封信是以色列总理古里安写的，在信中古里安表示，自己和总统都希望爱因斯坦能够成为以色列下一任总统。

就这样，爱因斯坦是以色列总统候选人的消息传遍了整个世界，一位记者针对这个问题去采访了爱因斯坦，想要知道爱因斯坦的态度。

在采访中，爱因斯坦明确表示："我不会成为以色列的总统，因为我并不具备成为一个总统的才能。"这样的回答让记者很吃惊和不解："为什么？这对您来说是一项荣誉，而且据说以色列的总统并不负责多少具体的事务，也不用具备处理政事的才能。对以色列来说，总统只是一个国家的象征。如果您成为以色列的总统，您就成为世界上最伟大的犹太人了。"

面对激动的记者，爱因斯坦还是平静地回答道："不，我干不了这样的事情。"果然，当驻华盛顿的以色列大使再次询问爱因斯坦的个人意见时，爱因斯坦还是拒绝了。

后来爱因斯坦为了表明自己的态度，还专门在报纸上发表声明："有关自然，我可能了解一点儿；但是有关人性，我几乎一点儿也

不了解。对我来说，方程式更重要。因为政治是暂时的，而方程却是永恒的。”就这样，爱因斯坦拒绝了以色列总统一职。

每个人都有自己所擅长的领域，只有在自己所擅长的领域中，人们才能更好地实现自己的人生价值，才能找到自信。

当一个人涉足自己不擅长的领域时，往往会遭遇很多挫折和失败。这些糟糕的境遇会打击一个人的自信心，从而使你陷入自卑之中。后来你付出了更多努力，还是没有达到预期的目标，于是你就会更加自卑和沮丧。因此，当一个人离开自己不擅长的领域时，也就离开了自卑。

一个人只有在自己所擅长的领域中才能发挥所长，获得成功。当你获得成功之后，你的自卑自然就会消失。

# 第六章

# 做与众不同的你——心理学教你如何驾驭忌妒

忌妒的源头是一个人的优越感被冒犯，感到了他人对自己地位的威胁。试问，谁又能比任何人都优越呢？与其追求虚幻的优越感，不如做与众不同的自己。

## 忌妒的悲剧——奥赛罗

《奥赛罗》是莎士比亚创作的一部作品，在这部作品中主要强调了人的忌妒，正是因为这种忌妒的存在，才造成了无法挽回的悲剧。

主人公奥赛罗是威尼斯公国的第一猛将，深受元老的女儿苔丝狄蒙娜的爱慕，后来两人相恋。但是由于奥赛罗是摩尔人，又年长苔丝狄蒙娜许多岁，所以两人的婚事并不被看好。

而奥赛罗的手下旗官伊阿古十分忌妒奥赛罗，因为奥赛罗出身不高，但是却因屡立战功而得到重用，获得了较高的社会地位。被忌妒之火焚身的伊阿古就想出了一条诡计来破坏奥赛罗与苔丝狄蒙娜之间的感情。

伊阿古向苔丝狄蒙娜的父亲告密，果然元老在听到这个消息后很生气，不仅强烈反对这门婚事，而且认为奥赛罗是一个道德败坏之人。这一切都在伊阿古的预料之中。

但是，苔丝狄蒙娜的反应却大大超出了伊阿古的预料，她坚持自己的爱情，最终和父亲决裂了，并义无反顾地嫁给了奥赛罗。这样伊阿古的阴谋就被粉碎了。但是，伊阿古的忌妒心并没有随着阴谋的失败而消失，反而愈演愈烈，直到导致最后悲剧的发生。

奥赛罗的另一名手下卡西欧由于在作战中立下了战功，所以被奥赛罗提升为副官，这引起了伊阿古对卡西欧的忌妒。后来伊阿古策划了一场更大的阴谋，这是一个一箭双雕的阴谋，不仅使卡西欧降职，而且还害死了奥赛罗。

在庆祝宴席上，伊阿古故意灌醉了卡西欧，挑唆卡西欧与另一个人发生争执，并动手打架。因为这个原因，奥赛罗降了卡西欧副官的职位。这让刚刚成为副官的卡西欧很不甘心，后来在伊阿古的建议下，卡西欧决定向苔丝狄蒙娜求情，希望苔丝狄蒙娜可以帮助自己说服奥赛罗。善良的苔丝狄蒙娜自然同意了卡西欧的请求。但这正是伊阿古阴谋的开始。

后来，伊阿古向奥赛罗告密说，苔丝狄蒙娜与卡西欧有不同寻常的关系，并说正是因为这种不同寻常的关系，苔丝狄蒙娜将会为卡西欧求情。奥赛罗在听到伊阿古的话后很怀疑，但是正在这时，苔丝狄蒙娜来了，恰恰是来为卡西欧求情的。

虽然奥赛罗被认为是威尼斯公国的第一猛将，而且有着很高的社会地位和官职，但是他在妻子面前却是自卑的，因为他是摩尔人。也正是因为这个原因，苔丝狄蒙娜的父亲才没有同意他们的婚事。

所以这个时候，奥赛罗开始相信伊阿古所说的可能是真的。虽然卡西欧现在的官职没有自己高，但毕竟他的出身不错。总的来说，卡西欧与苔丝狄蒙娜很般配。

在机缘巧合下，伊阿古得到了苔丝狄蒙娜的手绢，这块手绢是奥赛罗送给苔丝狄蒙娜的。后来伊阿古把这块手绢交给了奥赛罗，并告诉奥赛罗这块手绢就是苔丝狄蒙娜送给卡西欧的定情之物。这让奥赛罗更加愤怒。

后来奥赛罗接到命令，要到威尼斯任命，必须离开塞浦路斯，而卡西欧则留在塞浦路斯接任总督的职位。这时奥赛罗观察到妻子的表情十分悲伤，很不情愿，就以为苔丝狄蒙娜的悲伤是因为要离开卡西欧了，于是奥赛罗更加愤怒。实际上，苔丝狄蒙娜是为她与奥赛罗紧张的关系而悲伤。

盛怒之下的奥赛罗跟随苔丝狄蒙娜来到了卧室，并开始斥责妻子的不忠行为，并且不听苔丝狄蒙娜的解释，最后掐死了妻子。后来知道真相的奥赛罗十分悔恨，就自杀了。

忌妒之心虽然并不光彩，却是人之常情。人之所以会有忌妒，是因为比较。人与人之间进行交往，往往会不自觉地进行对比，如果这种对比的结果是自己占优势，即自己的才能、地位、名声或是境遇等明显优于对方，那么就会产生一种优越感，这种感觉是美好的。

但是如果恰恰相反，也就是说自己的才能、地位、名声或是境遇远远不如对方，那么就会产生一种不好的感觉，这种感觉是难受的。

忌妒的出现不是一蹴而就的，它需要一个过程。首先，因为对比你发现自己不如别人，于是你就产生一种沮丧和失望的感觉，这种失望是对自身的失望，伴随而来的还有压力。

其次，这种压力会让人产生一种自卑感，会让人感到羞愧。在莎士比亚的作品《奥赛罗》中，许多人都认为伊阿古是忌妒的化身。

事实上，奥赛罗也有忌妒，他忌妒的对象就是卡西欧。经过对比我们可以发现，奥赛罗在许多方面都优于卡西欧，根本没有忌妒卡西欧的必要。

但是，卡西欧身上有一点是奥赛罗比不上的，那就是出身。奥赛罗总是会为自己的出身而感到自卑，正是因为这种自卑，奥赛罗才忌妒卡西欧，也正是因为这种忌妒让奥赛罗丧失了基本的理智。

最后，这种对比而来的自卑感就会随着时间而发展成为一种不满的情绪，而这种不满的情绪其实就是憎恨的前身。这种憎恨的心理并不好受，所以忌妒之人需要一个发泄的突破口，而这个发泄的途径往往就是行为。于是忌妒的情绪开始演变成一种发泄行为，这种发泄行为往往会带来严重的后果。

就像《奥赛罗》中的伊阿古一样，起初他也只是有这种忌妒的心理而已，后来越发不满乃至憎恨，于是他就开始策划阴谋。其实伊阿古策划阴谋就是一种发泄行为。总的来说，忌妒是一种十分复杂的心理状态，而这种复杂的心理状态常常来源于对比。

## 忌妒损人不利己——庞涓

庞涓与孙膑同是鬼谷子的弟子，并在一起学习多年，两人的感情也很好，还曾结拜为异姓兄弟，因为孙膑比庞涓年长，所以孙膑为兄长。

后来，在深山中学习的庞涓听说魏国国君招贤纳士，就决定下山。但是孙膑认为自己还需要学习，于是就没有随同庞涓一起下山。

不过，庞涓在临行之前曾经做过承诺，如果有朝一日自己得到了魏国国君的重用，一定回来迎接孙膑，兄弟二人一起建功立业。

鬼谷子在中国历史上是一个十分神奇的人物，很少有人见过他的真实面目，但是从鬼谷子那里出来的弟子，一个个都十分出色。庞涓既然是鬼谷子的弟子，自然也差不到哪里去。

庞涓在拜见魏王时，魏王问他治国安邦和率兵打仗方面的问题，庞涓不仅对答如流，而且还向魏王做出承诺，如果魏王重用他为统帅，那么魏国的军队在他的统领之下一定所向披靡。到时候魏国一定会成为一个军事强国，成为战国七雄的首领，最后一定能实现兼并六国、统一天下的宏愿。

庞涓的话让魏王很动心，因为对于战国七雄来说，谁都想兼并其他六国，成为统一天下的主人。这是每一个国君的梦想，魏王自然也不例外。

庞涓不仅得到了魏王的信任，还掌握了魏国的兵权。庞涓也的确是一个有才能的人，虽然还没有实现统一天下的承诺，但是因为他的统率已经大大提高了魏国在战国七雄中的地位。在庞涓的统率下，魏国军队吞并了许多周边的小诸侯国。

宋、鲁、卫、郑这些较小的诸侯国看到魏国的强大后就纷纷前来祝贺，这极大地满足了魏王的虚荣心，也大大提高了庞涓在魏王心目中和在魏国的地位。

后来在庞涓的率领下，魏国打败了齐国的军队，这不仅让魏国军队士气大增，庞涓也因此得到了上至魏王、下至黎民百姓的尊重。这让他变得越来越自大。

相对于庞涓的风光无限，孙膑依然默默无闻地跟随鬼谷子学习兵法。后来，在另一个人的推荐下，魏王派人请孙膑出山。而孙膑在鬼谷子的劝说下便决定出山。

孙膑下山后和庞涓住在一起，虽然庞涓表面上对孙膑很好，但是内心并不欢迎孙膑。因为庞涓知道，孙膑的才能高于自己，如果孙膑得到了魏王的重用，那么自己在魏国的地位势必要下降。就这样，忌妒的种子在庞涓的内心深处生根发芽了。

因为孙膑是齐国人，而齐国和魏国是敌对国。所以，庞涓就设计让魏王相信了孙膑其实是齐国派来的间谍。于是因为私通敌国的罪名，孙膑被剜掉了两个膝盖骨，落下了终身残疾，脸上还刻上了“私通敌国”四个字。

一次偶然的机会，孙膑得知陷害他的人是庞涓。为了避免惹来杀身之祸，他就开始装疯。孙膑的遭遇被传到了齐国，齐国的大将田忌早就听说过孙膑的大名，于是就向齐威王禀报，请求救出孙膑，让孙膑为齐国效力。

后来孙膑被成功救出，并成为齐国的军师。在齐国和魏国的交战中，孙膑发挥了他那高超的军事谋略，成功击败了魏国的军队，让齐国一洗之前战败的耻辱，而庞涓也在那场战役中死亡，孙膑成功报仇。

当一个人看到周围的人比自己优越时，就会有一种心理上的缺失感，并产生一种羡慕的心理，自己也想拥有对方所拥有的东西。这种想法虽然是忌妒的前身，但却是正常的，是自然而然就会发生的。谁也无法避免，也用不着避免，因为这并不是忌妒，只是一种正常的心理状态。

人是一种群居动物，生活在社会中自然要与周围的人交往。在人际交往中，人们往往会把对方当成一面镜子，一面与自己对比的镜子。这种对比的行为会带来一定的心理影响，这是谁都无法回避的。

所以当出现忌妒心理的时候，不要觉得见不得人或是极力掩饰，因为这样或许会带来相反的效果。有些东西你越想压抑，反而会愈演愈烈。换句话说，就是停止与忌妒做斗争。既然忌妒是一种自然现象，那么它也就是人的本能之一，和本能进行战斗并不是一种聪明的做法，因为人们往往很容易在本能面前败下阵来。

人的本能是大自然赋予我们的，所以我们需要正视它。很多人认为忌妒是一种不光彩的情绪，所以人们在面对忌妒时，总是压抑或躲避，这样只会让这种正常的情绪扭曲，扭曲的结果就是行为发泄，而不理智的行为发泄往往会带来严重的后果。

人是一种趋利避害的动物，有人认为正是这种趋利避害的本能说明了人的本性，人从骨子里就是自私的。且不管这种看法是否正确，如果按照这个理论，人只会做对自己有利的事情，那么忌妒呢？

忌妒的情绪会给人带来有利的后果吗?

庞涓的军事才能不及孙膑，所以很忌妒孙膑，于是就设计陷害孙膑。但是这样一来他得到了什么?保住了自己在魏国的至高地位吗?刚开始好像是这样的，但是最后却落得一个身败名裂的下场。庞涓的忌妒不仅伤害了孙膑，让一个健全的人变成了一个残疾人，同时也给自己惹来了杀身之祸。

所以从庞涓的人生经历来看，忌妒是一种损人不利己的情绪。尽管如此，人们还是摆脱不了忌妒的困扰。因为忌妒情绪从一个人的幼儿时期就已经开始出现了。只是因为那个时候年龄还很小，认知也很浅，根本不知道那种情绪其实就是忌妒。

## 被冒犯的优越感——忌妒的源头

幼儿不喜欢听自己的父母夸奖别的小朋友，尤其不喜欢父母把自己和其他比自己优秀的小朋友进行对比。但是大多数父母都乐于这样做，并认为这样有利于激励孩子。

我们也都有这样的经历：别人家的孩子不仅从小很懂事，而且学习成绩很优秀。总的来说，在父母口中，别人家的孩子处处都比自己优秀，简直就是一个完美的存在。许多孩子都认为别人家的孩子很讨厌，其实就是一种对比产生的忌妒心理在作怪。

这种忌妒的心理其实很微妙，有时候还会有一种不允许父母说别人家的孩子好的心理，因为这样就等同于说自己不如别人，不仅会产生一种挫败感，而且还会有憎恨的心理。我们往往希望别人不如自己，因为这样不仅满足了自己的自尊心，还会有一种优越的美好感觉，人人都喜欢这种感觉。这就是忌妒心理产生的根源。

有的父母在进行家庭教育的时候，十分注重对孩子的鼓励，而这种鼓励往往能增加孩子的自信心，从而让孩子变得更优秀。但是，这种赞扬也应该有一个尺度。

对一个小孩子来说，他对周围的一切认识都是空白的，也就是说小孩子根本没有评价的标准，他在做一些事情时并不知道这种行为到底是正确的还是错误的，没有所谓的是非观念。

随着年龄的增长，为了更好地融入周围的环境，小孩子也开始培养自己的是非观念。但是，这种是非观念的形成往往来自外界的肯定或是否定。

如果一个小孩子的行为得到了父母或是其他人的赞扬，他就会认为这是对的；如果被父母或是周围人批评，他就会认为是错误的。人的是非观念就是这样形成的。

如果父母过度赞扬孩子，久而久之他就会产生这样一种认知，认为自己是最优秀的。可是这个世界上，根本没有最好，只有更好，天外有天人外有人。所以当一个十分骄傲的人遇到比自己优秀的人时，他就会受不了，而忌妒的情绪也会因此来得更强烈。所以，赞扬也应该有一个尺度。

在小说《三国演义》中，诸葛亮与周瑜都是难得的人才，两人不仅长相俊美，而且都很有谋略。另外，两人的社会地位也差不多在同一个层次上。诸葛亮受到刘备的器重，周瑜是孙权的心腹。但是周瑜却有这样一种心理："既生瑜，何生亮！"这句话也成为周瑜的临终遗言。

或许周瑜与诸葛亮之间早就对对方的大名有所耳闻，只是未曾见面而已。后来由于曹操率军南下，刘备和孙权联合起来共同御敌。因为曹操的实力太强大了，如果刘备和孙权不联合起来，这两支力量极有可能会被曹军逐一消灭。

就是在这样的形势下，诸葛亮和周瑜见面了。这个时候，蜀国和吴国是联盟国，按理说诸葛亮和周瑜的关系应该会很好。但是由于周瑜的气量比较狭小，所以总是处处刁难诸葛亮。

草船借箭就是诸葛亮想出来的保护自己的计谋。两军开战，除了人数和谋略战术之外，武器也很重要。在那个冷兵器时代，箭就是一件必不可少的武器。

由于刘备和孙权两国国力较弱，所以在两军交战后没多久，箭的供应就开始紧张，这是孙刘联军共同面临的难题。而周瑜因为忌妒诸葛亮，就在一个公开场合逼迫诸葛亮答应十天之内交出二十万支箭。很明显，周瑜在刁难诸葛亮。因为按照正常的程序，就算工匠们的速度再快，十天造出二十万支箭也是天方夜谭，根本不可能实现。

诸葛亮其实早就看穿了周瑜的心思，于是决定将计就计，不仅满口答应这个无理的要求，还立下了军令状。周瑜本来只是想让诸葛亮答应，然后诸葛亮无法实现，于是就成了一个失信之人，这样也就会留下话柄。但是没想到诸葛亮不仅答应了，还立下了铁证一般的军令状。

这样一来，这件事情就变得严肃多了，因为军令状可不是白立的，是需要承担后果的，军中无戏言。鲁肃是一个厚道之人，还劝诫诸葛亮不要立军令状，以免惹来不必要的祸端。可是鲁肃和周瑜都不知道，诸葛亮之所以这么胸有成竹，完全是有备而来。

后来诸葛亮利用有利的天气，在一个布满大雾的夜晚，派了几百艘船去“偷袭”曹军，事实上船上根本没有士兵，只是一些草人。因为有雾，曹军不知道实情，误以为敌军来袭，于是就开始射箭。这样一来，那些箭都射在了草人身上。

天亮之后，曹军才看清楚敌军船只上原来都是一些草人，但是为时已晚，因为诸葛亮的任务完成了。回去之后，经过清点发现，已经远远超过了二十万支箭。

尽管如此，周瑜对诸葛亮的忌妒并没有消除。后来赤壁之战结束后，刘备和孙权之间关系破裂，相互进攻，在这些战争中诸葛亮处处高于周瑜。最后周瑜竟被活活气死了，在死前说了那样一句流传千古的遗言。

当然这只是小说《三国演义》中周瑜的形象，事实上周瑜并不是这样一个气量狭小之人，不然苏东坡也不会在《念奴娇·赤壁怀古》中这样赞扬周瑜："遥想公瑾当年，小乔初嫁了，雄姿英发。羽扇纶巾，谈笑间，樯橹灰飞烟灭。"

但是从小说中周瑜和诸葛亮之间的宿怨里，我们可以发现，如果一个人总是生活在赞扬营造的优越感之中，就很容易忌妒那些比自己优秀的人。

周瑜在东吴有着很高的地位，不仅人长得俊美，多才多艺，而且还娶了一个漂亮老婆，得到了君王孙权的重用。周瑜可以说是一个让很多人都羡慕的人，但是他遇到了诸葛亮这个"多智而近乎妖"的军师，他很难接受这个事实，所以很忌妒诸葛亮。

这就好像一个人的免疫力一样，如果一个人偶尔生生小病，反而能够提高自身的免疫力水平。相反，如果一个人平时不得病，他的免疫力就得不到提高，反而容易得大病。一直被赞扬声包围，内心充满了优越感的人，一旦遇到比自己更出色的人，忌妒心就会恶性膨胀。

所以，父母在教育小孩子的时候，应该认识到，不论是赞扬还是惩罚都应该保持一个度。不要培养孩子不切实际的优越感，降低他的耐挫力，将来成为忌妒的牺牲品。对于我们每个人来说，需要正视忌妒的心理，因为这是每个人都会有的。只有正视忌妒了，才有控制它的可能。最重要的是，不要一直沉浸在对别人的优越感之中，应不断努力提升自己，让自己变得更加优秀。

## 先苦后甜——忌妒与幸灾乐祸

古罗马作家奥维德的《变形记》中，有一个名叫因维迪亚的女人，她简直就是“忌妒”的化身。因维迪亚根本不知道什么叫作快乐，她从来没有真正体验过愉悦的感觉。她每天都生活在忧虑之中，吃不好、睡不好。

因维迪亚在看到周围的人取得成功或是幸福的时候，就会感到非常生气。当然，因维迪亚也有快乐的时候，但是她的这种快乐是建立在别人的痛苦之上的，只有看到周围的人遭遇不幸，她才会变得十分快乐。

从因维迪亚的经历中我们可以看出，因维迪亚除了忌妒之外，还有另一种阴暗的情绪。因为她只要一看到他人遭遇不幸，就会感到快乐，这是很典型的幸灾乐祸的表现。

幸灾乐祸与忌妒就好像一对孪生子一样，如影随形。通常来说，一个人越是忌妒另一个人，当别人遭遇到不幸的时候，他的快乐感就会越强烈。也可以这样说，幸灾乐祸是忌妒的副产品，就是因为有忌妒的存在，才会有幸灾乐祸的心理。但是幸灾乐祸与忌妒还是不同的，因为人不会因为忌妒而快乐，却能在幸灾乐祸中感到愉悦。

但丁在其作品《神曲》中提出了人类的七宗罪——贪食、贪婪、懒惰、好色、傲慢、忌妒和愤怒。虽然贪食、贪婪、懒惰、好色、傲慢均不可取，但却在某种程度上能给行为人带来愉悦的感受和心理上的满足。

而忌妒是一种既不会给人带来愉悦感受，也无法让人获得满足，还会给自身带来伤害的情绪。但是，似乎所有的人都无法真正摆脱忌妒的阴影。那么，人们到底为什么会产生忌妒之心呢？日本的研究人员就专门为研究忌妒的产生做了一个实验。

研究人员找来了十九名志愿参加实验的大学生，并让这些大学生读一些故事，然后再用功能磁共振成像观察这些大学生脑部的血液变化。

在实验的过程中，研究人员告诉这些大学生："假设你们自己就是这个故事中的主人公，一个普普通通的人物。当你们读完这个故事之后，我会向你们提出一些问题，你们只需要诚实回答就可以了。"

在这个故事中，除了主人公之外还有另外三个主要人物，代号分别为 A、B、C。

人物 A 与主人公性别相同，人生目标和道路也很相似。不同的是，主人公只是一个普通人，而人物 A 是一个学习成绩优秀和家境富裕的人，而且还很受异性的欢迎。总的来说，人物 A 是一个比主人公要优秀的人，而且异性都很喜欢 A。

人物 B 与主人公性别不同，但与人物 A 一样是一个学习成绩优秀和家境富裕的人，而且也很受周围人的喜爱，特别是受异性的欢迎。总的来说，人物 B 也是一个比主人公优秀的人，而且和人物 A 有很多相似的地方。不同的是，人物 B 与主人公的人生道路和目标不同，而且两个人之间基本没什么联系。

人物 C 和主人公一样都是一个普通人，学习成绩一般，家庭环境也一般。而且这个人与主人公之间不仅性别不同，人生道路和目标也不一样，两人之间基本没有什么联系。

当这十九名大学生读完这个故事之后，实验人员就让这些大学生回答他们对这三个人物的忌妒程度。实验结果显示，他们对人物 A、B、C 的忌妒程度呈逐渐递减的状态。

研究人员还观察到功能磁共振成像的结果显示：当人物 A 出场的时候，主人公的大脑前扣带回皮层会表现得十分活跃。人物 B 和 C 出场时，主人公的大脑前扣带回皮层表现得就没有那么活跃。

总的说来，功能磁共振成像所显示的大脑前扣带回皮层的活跃程度与主人公对这三个人物的忌妒程度相一致，都是呈逐渐递减的状态。

值得注意的是，我们大脑中的前扣带回皮层是处理身体疼痛的部位。也就是说，只有当我们感觉到疼痛的时候，大脑的前扣带回皮层才会表现得活跃。这说明，忌妒的确是一种令人痛苦的情绪。

亚里士多德曾经说过："懒人忌妒懒人。"他的这句话正好印证了这个实验的结果：人们往往会忌妒那些与自己在年龄、性别、人生经历、道路、目标等方面相似，但是在其他方面比自己优秀的人。

罗素曾经说过："如果你渴望得到至高的荣誉，你可能会忌妒拿破仑，拿破仑会忌妒恺撒，而恺撒会忌妒亚历山大。至于亚历山大，我想他可能会忌妒那个根本不存在的海格力斯。”或许罗素这样说只是为了表达忌妒是人人都会有的一种情绪，即使是那些我们眼中的伟人也摆脱不了。其实，忌妒情绪并非人类特有，有些动物也会有忌妒的情绪，特别是那些较高级的动物。

猴子是一种聪明的动物，忌妒也常常发生在它们之间。有人专门拿猴子做过实验。实验人员给了一只猴子一根黄瓜，但是却给了另一只猴子一串葡萄。结果，实验人员就发现，那只拿到黄瓜的猴子的情绪明显发生了变化，它很不高兴，而且还用一种类似于忌妒的哀怨眼神看着那只得到了一串葡萄的猴子。

这个实验结果说明了两个问题：一是很显然对猴子来说葡萄比黄瓜更受欢迎；二是猴子和人一样都有忌妒的情绪。

但是罗素表达的意思与日本人实验所得到的结果并不一样。因为根据他们的实验结果，人们往往会对那些与自己有联系，但是却比自己优秀的人产生忌妒。于是一个追求至高荣誉的人不会去忌妒拿破仑，拿破仑不会忌妒恺撒，恺撒也不会忌妒亚历山大，亚历山大更不会忌妒那个根本不存在的海格力斯。因为海格力斯与亚历山大之间根本没有什么联系。

既然不存在联系，那也就不存在所谓的竞争，自然也不会形成忌妒。相反，拿破仑或许会崇拜和羡慕恺撒，因为恺撒对他来说应该是一个榜样的形象，是一个值得学习的英雄人物。

除此之外，日本研究人员还专门进行了一个有关幸灾乐祸的实验。依然还是读故事的形式，而且这个故事还是前面那个故事的续集。也就是说，在接下来的故事中，人物 A、B、C 分别遭遇了不幸。然后这些大学生需要告诉实验人员，他们的感受如何。

实验结果表明，这十九个大学生幸灾乐祸的程度也和忌妒一样出现了逐渐递减的趋势。

实验人员还通过功能磁共振成像观察到，当人物 A 遭遇了不幸的时候，大学生大脑的复侧纹状体表现得十分活跃。人大脑中的腹侧纹状体是一个负责快乐情绪的区域，例如，当一个人获得金钱回报或是社会的认可时，腹侧纹状体就会表现得十分活跃。这个实验结果足以说明，幸灾乐祸与忌妒的联系十分密切，而且忌妒所带来的痛苦越强烈，幸灾乐祸所带来的快乐也就会越强烈。

## 妒火中烧向何处——如何驾驭忌妒

在古希腊神话中，赫拉是宙斯的妻子。赫拉是一个十分美丽的女神，而且性情高傲。在赫拉成为宙斯的妻子以前，宙斯已有六任妻子，但是风流成性的宙斯还是被赫拉的美貌所吸引，并想尽办法追求赫拉。

赫拉与宙斯是姐弟关系，在我们看来，姐姐嫁给弟弟是乱伦，但是在古希腊神话中，这却是一种很正常的现象。并且由于赫拉是宙斯的姐姐，宙斯就有了近水楼台先得月的优势。

但是，赫拉对这个风流的弟弟并无好感，所以宙斯追求赫拉的过程很不容易。不过，功夫不负有心人，宙斯最终还是娶到了冷美人赫拉。

相传，宙斯为了娶到赫拉想了许多办法，甚至不惜使用变戏法的方式，把自己变成了一只杜鹃鸟，这些举动终于感动了赫拉，所以赫拉才答应成为宙斯的妻子。

但是，最让赫拉感动的应该是宙斯的承诺，宙斯在向赫拉求婚的时候，曾经答应过赫拉，只要赫拉同意嫁给他，那么他将会把自己的权力和荣耀分一半给赫拉。这样一来，赫拉就成了权力第二大的神，地位仅次于宙斯。

宙斯当时只是急于追求到赫拉，并没有想过给予赫拉这么大的权力会带来什么样的严重后果。而事实证明，这至高的权力成为赫拉忌妒的工具。

在与赫拉结婚后，宙斯依然风流成性，并没有收敛，到处招蜂引蝶。不过宙斯不知道的是，赫拉和他之前那六任妻子的性格可不一样。

面对宙斯的出轨行为，赫拉十分气愤，但是赫拉更加忌妒宙斯的那些情人。因为忌妒的情绪给赫拉带来了痛苦，而她的手中又有很高的权力，所以赫拉就开始把这种痛苦的感受转移到宙斯的那些情人身上。

于是，宙斯的那些情人一个个都没有什么好的下场，全都遭受到了严厉的惩罚。赫拉似乎是一个很坦率的人，根本不会掩饰自己的忌妒情绪，只要赫拉忌妒哪个人，她就会用手中的权力去给这些人带来灾难。

赫拉在古希腊神话中享有至高的地位，被称为“天后”，是婚姻与家庭之神。但是通过赫拉的所作所为我们可以看出，赫拉还应该被称为忌妒之神。因为赫拉的忌妒已经达到了无以复加的地步，后人再难超越。

赫拉除了把忌妒之火烧向宙斯的情人们之外，就连一些无辜的凡人也跟着遭殃。赫拉不仅不放过自己的情敌，还会消灭一切与情敌有关的事物。在人间有一个国家的名字和宙斯的一个情人的名字一样，赫拉知道后，就给这个国家带来了可怕的瘟疫，结果这个国家成了人间地狱。

赫拉还十分忌妒比她貌美的女子。安提戈涅是一个凡间女子，她长得十分漂亮，尤其是头发。安提戈涅的美貌不仅让她自信心饱满，而且还让她变得胆大妄为起来，她居然提出要和赫拉比美貌。

赫拉听到后十分气愤，当赫拉看到安提戈涅那一头美丽的金发时，立刻忌妒无比。于是，赫拉就把安提戈涅美丽的金发变成了盘在头顶的毒蛇，而且这条毒蛇还会不停地啃咬安提戈涅的头皮。

在中国的神话故事中，女神不仅长得漂亮，而且还很善良。所以在中国人看来，赫拉这样善妒的女人根本不应该称其为女神，充其量只是一个凶悍的妒妇罢了。

但是，古希腊神话中神的形象与我们中国的神的形象是不同的，因为古希腊的神更具有人性，也就是说更贴近人的形象。古希腊的神与凡人唯一不同的是，神具有凡人所没有的神奇力量。除此之外，其他方面基本相同，不仅有人的优点，也有人的缺点，如赫拉的忌妒就是人们所常见的一种情绪。

忌妒是一种难以启齿的情绪，似乎只能被深深地埋在心底。只要一想到忌妒，人们就会联想到类似于幸灾乐祸或落井下石等一些不好的心理和行为。忌妒是一种具有强大破坏力的情绪，古希腊神话中的赫拉就是一个很好的例子，因为她的忌妒，许多人都遭遇到了不幸。

忌妒除了会给他人带来威胁之外，还会给自身带来痛苦的体验。生物的本能之一就是趋利避害，所以面对痛苦时，人们往往都会选择逃避，但是忌妒的痛苦却很难逃避。不过，痛苦并不一定就只是坏事，有时候痛苦也会给我们带来一定的收获。痛苦，证明你还活着；麻木，反而比痛苦更加可怕。

既然痛苦的体验会给我们带来一定的收获，那么忌妒是不是也会给我们带来一些好处呢？答案是肯定的，尽管忌妒被划分到负面情绪之中，总会对我们造成负面的影响。但是在某种程度上，忌妒也会给我们带来一些正面的积极影响。科学家通过实验证明，适当的忌妒会让一个人的头脑变得更加高效。

科学家找了两个学校的学生作为实验对象，并把这些实验对象分为两个小组。科学家让其中一个小组的学生写下了一些和自己有关的忌妒经历。而另一个实验小组作为对比，什么也没做。

然后，科学家根据那个小组的学生所写出来的内容，编造了一份虚假的采访报道。在这份虚假的采访报道中，有第一个实验小组学生们的忌妒对象的资料。但是，只是一些人在谈论自己的一些学习情况和目标而已，并没有涉及任何与忌妒有关的话题，而且内容也很难引起人的忌妒情绪。

后来，科学家就把这份虚假的采访报道分发给了这两个实验小组。实验结果表明，第二小组的学生对采访报道中的内容的记忆状况明显不如第一个实验小组。而第一个实验小组中的学生尤其会清楚记得与自己忌妒对象有关的信息，尽管这些信息只是一个普通状况的反映。

科学家还发现，第一个实验小组的学生明显比第二个实验小组的学生更加集中注意力去研究这份虚假的采访报道。不仅花费了更多的时间，而且事后也会回忆起更多的采访细节，这些第二个实验小组的学生根本无法做到。

这个实验说明，人的记忆力和注意力与忌妒心存在着一定的联系。或许也可以说，忌妒有时可以让一个人变得更加敏感和敏锐。

后来，科学家还让这两个实验小组的学生观看了一些图片。学生们被告知：假设这些图片上的人都是他们的同学，有的是长相俊朗而且还是开着名车的富二代，有的则是长相普通、家境普通的同学。然后询问了学生们对这些虚假同学的感受。

实验结果显示，学生们往往会花费更长的时间去关注那些比自己优越的虚假同学，如长相俊朗还开着名车的富二代，而且还会记住这个人的大部分细节。

这个实验结果说明，人们往往会关注那些自己忌妒的对象，与此同时人们的注意力和记忆力也大大提高。所以科学家得出一个实验结论：忌妒可以使人的大脑对忌妒对象有关的情况产生一系列高效率认知的过程。

荷兰心理学家范德温认为忌妒的影响是有消极和积极之分的，忌妒的积极影响包括它会督促一个人向他的忌妒对象学习，毕竟人们只会忌妒那些比自己优秀的人。

而消极的忌妒心则会让一个人努力去发现对方的弱点，然后把对方拉到与自己同等的水平上。有的人甚至还故意给对方制造一些困难，似乎只有对方遭遇不幸，他才会感觉到快乐，才会有一种幸灾乐祸的愉悦。

尽管忌妒在特定情况下会使一个人的注意力和记忆力都得到提高，但是也会耗费一个人许多的精力。得克萨斯州的研究人员做过一个实验：研究人员让一组学生观看一些能够引起他们忌妒情绪的同龄人的资料，然后让这组学生去进行一些难度较大的文字解谜之类的测验，同时让另一组没有忌妒情绪的学生也进行相关测验。

结果发现，第一组的学生比第二组的学生更容易选择放弃。这说明之前的忌妒已经耗费了他们的精力，所以在接下来的测验中他们往往更容易放弃挑战。

所以，忌妒依然是需要我们去努力控制的一种情绪。既然忌妒是情绪中的一种，那么忌妒也应该符合情绪的基本规律。

一个人的情绪往往会经历一个抛物线的历程，既然会产生，就会消失。所以当面对忌妒的时候，可以选择顺其自然的态度，或许过了一段时间后，你的忌妒情绪就会消失得无影无踪。

但是，我们依然需要采取一些积极的做法去控制忌妒，顺其自然是一个不错的方法，但未免有些消极。在必要的情况下，我们还需要合理的宣泄。可以找一些信得过的人来宣泄自己的忌妒情绪，这样一来不仅能控制住忌妒之火，而且当你宣泄完之后，对方还会给你一些合理的建议，你也比较容易接受。

# 第七章

# 相信微笑的力量——心理学教你如何走出悲伤

亲人的逝去，感情的破裂，都会让我们陷入悲伤中无法自拔。在悲伤中，我们要学会微笑，摆脱对他人的心理依赖，开始成长、成熟。正如印象派大师雷诺阿所说，“痛苦终将逝去，而美将永存”。时间会治愈一切。

## 痛苦终将逝去——美好的生活会回来

英国有一个女孩名叫艾米，不幸的是她的父母在她很小的时候就意外过世了，幸运的是她还有一个弟弟查理，姐弟二人相依为命。在艾米 16 岁的时候，她和弟弟查理准备去拜访远在美国纽约的姑妈。

命运再次考验了艾米，艾米和弟弟查理在前往纽约的路上遇到了一次抢劫。艾米虽然幸运地从歹徒那里逃脱，但是查理却不幸地成了歹徒的人质。

歹徒不只劫持了查理，还有另外四个孩子。当地警方接到报警电话后马上赶到了案发现场，展开人质救援行动。

当时参与人质解救的警察中有一个名叫霍尔的警官，他是人质解救队伍的主干。可是当地的警察却因为一些错误的情报而忽略了查理的具体位置，这直接导致了霍尔在人质解救时的严重失误。结果，霍尔解救出了其他四个被劫持的孩子，但是却没有救出查理。

其实最让霍尔感到惋惜的是，查理与自己所在的位置只有一墙之隔，但是情报上却没有告诉他查理就在这一墙之隔的地方。就是因为这个失误，查理最终被歹徒残忍地杀害了。霍尔常常想，如果他没有在这次人质解救中失误，那么查理就不会被杀死了。

面对弟弟查理的意外死亡，艾米尽管非常悲痛，但是她并没有指责霍尔在工作上的失误。可是当地的媒体并没有放过霍尔，他们指责霍尔在解救中的失误，并惋惜查理的意外死亡。

这让霍尔变得更加自责，为了表达自己的歉意，他专门帮助艾米来处理查理的身后事，并在查理下葬的那一天，献上了一束玫瑰花。这是一种名叫“洛丝玛丽”的玫瑰花，所代表的意义就是“死的怀念”。洛丝玛丽的玫瑰花深深表达了霍尔对查理和艾米的愧疚之情。

从此之后，霍尔就陷入了查理去世的悲痛之中无法自拔。每逢查理的忌日，艾米都会去祭拜查理，并且都能发现一束洛丝玛丽的玫瑰花。艾米知道这一定是霍尔放在这里的。

从这束洛丝玛丽中艾米感受到，霍尔还没有从查理意外死亡的悲痛中走出来，于是艾米决定去见见这个意志消沉的警官。艾米根据记忆来到了霍尔所在的警察局。

但是那里的警察却告诉艾米，霍尔早就离开警察局了。而且，他一直为查理的意外死亡而自责。霍尔变得非常痛苦和内疚，整天用酒精麻痹自己，生活在悲痛之中。由于霍尔整天意志消沉而且还酗酒，他的妻子实在忍受不了，就与霍尔离婚了。

艾米听到这名警察的话后十分吃惊，她觉得自己有义务找到霍尔，不能再让霍尔这样继续消沉下去。经过很长时间的调查，艾米终于找到了霍尔的踪迹。

当艾米见到霍尔的时候，被霍尔的形象吓了一跳。在艾米的记忆中，霍尔是一个精明能干的警察。但是，眼前的霍尔根本就是一个浑浑噩噩的酒鬼。

认识霍尔的人告诉艾米说，霍尔只有在玫瑰花绽放的季节中才是清醒的，其他时候都是一副酒鬼的样子。艾米知道，霍尔一直没有从查理的意外死亡中走出来。

等到了玫瑰花绽放的季节，也就是霍尔最清醒的时候，艾米对霍尔说：“谢谢你这些年送给查理的玫瑰花。但是我希望你以后不要再送玫瑰花给查理了，我相信查理想要看看其他的花朵。”

没等霍尔回过神来，艾米就把霍尔拉到了一座教堂，教堂中有四个人在等待着霍尔，而这四个人就是艾米千辛万苦找来为霍尔解开心结的钥匙。

见到这四个人的时候，艾米热情地和他们打招呼，并一一为霍尔介绍。最后艾米告诉霍尔，这四个人其实就是当年被霍尔救下的四个孩子。

听到艾米的话后霍尔很惊喜，但是很快就变得沮丧起来：“可是查理却不在了，我不能原谅自己的失误。”但艾米告诉霍尔说：“既然查理已经不在了，你就算再悲伤，查理也不可能活过来。这一切都已经成为过去了，你需要振作起来，继续做一名尽职尽责的警察，解救更多的人。我相信这也是查理想看到的。”

听完艾米的话后，霍尔渐渐地从查理死亡的悲伤中走了出来，重拾生活的勇气。

人是一种复杂的高级生物，人的高级复杂性主要体现在大脑上，人的大脑有一个重要的功能，就是储存功能，也就是我们通常所说的记忆功能。

记忆是人类大脑最重要的功能之一，因为拥有记忆的功能，人们除了可以把一些知识和有用的生活经验记录在大脑中之外，还可以把那些曾经发生过的美好片段印刻在脑海中，闲暇时聊以回味也是不错的。

大脑的记忆功能可以说是造物主赐予人类的一件礼物。但是，人们在把美好的事物记录下来的同时，也把一些不堪回首的往事留在了记忆中，尽管人们并不想记下来，但有时还是不由自主地去回忆，再次感受那种悲伤的情绪。

所幸的是，人脑还有遗忘的功能。对于需要记很多知识的人来说，遗忘永远是一个需要战胜的敌人。但是，遗忘也是大脑一种特殊的自我保护功能，因为人们除了会记住一些知识以外，还会记住日常生活中所发生的重大事件，如亲人的意外死亡。这样的记忆会让人陷入悲伤的情绪中。这时大脑的遗忘功能把人们从这种悲伤的情绪中拯救出来。

大脑的这种遗忘功能的发挥需要时间，人们的记忆会随着时间而渐渐淡化，最终从悲伤的情绪中走出来，开始新的生活。毕竟人不能总活在记忆和悲伤中。

如果人类的大脑没有遗忘的功能，那么人们一定会被大脑中的记忆摧毁。所以说，有些事情尽管当时再悲痛，终究也会过去，时光会把这一切都带走。正如法国印象派绘画大师雷诺阿说的那样，“痛苦终将逝去，而美将永存”。

不过也有例外，那就是不断地进行自我强化，如霍尔先生。面对查理的意外死亡，霍尔感到悲伤和自责是很正常的。这件事情对霍尔来说是一件记忆深刻的悲伤事件，所以霍尔才会深深地陷入无法自拔的悲伤中。

按照正常的发展规律，经过一段时间后，霍尔大脑中的遗忘功能会自动发挥作用，让霍尔渐渐遗忘查理意外死亡这件事情以及那种悲伤和自责的情绪。然后，霍尔就会恢复正常的生活，继续当一个尽职尽责的警察。

但是，霍尔自身的强化打破了这种规律。相信霍尔每天都在不断地进行自我强化，把查理的意外死亡不停地在大脑中进行回放，每回放一次，霍尔就会被悲伤和自责的情绪笼罩一次。

久而久之，霍尔的这段悲伤的记忆就因不断强化变得越来越深刻，而霍尔本身也越来越深陷于悲伤和自责的情绪中无法自拔，因为霍尔没有学会放下。

曾经有一个国王做了一个神奇的梦，在梦中国王遇见了一位先知，这位先知告诉了国王一句话。先知还告诉国王说，这句话十分重要，只要弄明白了这句话，你就弄懂了人生。国王牢牢记住了先知的告诫。

梦是人们接触潜意识的一种方式，我们都有这样的经历，那就是梦中明明记得很清楚的事情，等到醒来的时候，却忘记了。

这位国王也是如此，当他从梦中醒来的时候，却忘记了先知所说的那句话。国王知道这句话对他来说非常重要，于是国王就开始竭尽全力地回想那句话到底是什么。可是国王想了很多天也没有想出来。

国王在无奈之下，只好请诸位大臣帮忙：“你们帮我想想看，那句话到底是什么？”大臣们给了国王许多答案，但是国王都用摇头表示否定。这时有一个大臣说：“一切都会过去。”国王听到这句话时恍然大悟：“没错，就是这句话！”

人类是一种脑容量大的复杂的高级动物，所以我们的记忆维持的时间就会很长。如果是一些比较重大的事件，相关记忆往往会伴随一生。

但是，人们还有遗忘和自我暗示的能力，所以当一些让人们悲伤的事情发生后，人们除了遗忘之外，还可以用自我暗示的方式告诉自己：“一切都会过去。”

不要小看这句“一切都会过去”的暗示力量，我们的内心其实很脆弱，所以时常需要安慰。而自我暗示就是一种很有效的安慰方式。

当你进行自我暗示的时候，你就会潜移默化地相信那些暗示，真的认为“一切都会过去”。当你最终放下的时候，悲伤才会真的成为过去式，你才会从悲伤的情绪中走出来。

# 学会独立成长——摆脱心理依赖

生老病死是一种很正常的自然现象，是每个人都会经历的。人都会经历出生和死亡，一种是自己的生死，另一种就是亲朋好友的生死。

一个生命诞生了，人们会以庆贺的方式表达喜悦，但是那个刚刚诞生的小生命并不知道这些。一个生命死亡了，周围的亲朋好友会非常悲痛，但是那个离去的生命并没有这种悲伤的感觉。其实对于一个生命来说，“生又何欢，死又何哀”才是真正的体验。而那些所谓生的喜悦和死的悲伤不过是周围亲朋好友们的情绪。

林静的父亲过世了，林静一时还无法接受这个事实，整个人一直处于悲伤的状态，并且长期无法从父亲离世的悲伤中走出来，因为这对她来说是一个很大的打击。林静的父亲很疼爱林静，而林静也很依赖父亲。但是这种依赖却因为父亲的离世而突然终止了。

与其说林静是在为父亲的离世而感到悲伤，不如说她还没有适应这种突然失去依赖的生活。林静今年已经30多岁了，但是她的心理却没有随着生理年龄的增长而成熟，而是停滞在了幼年的阶段。正是因为这种心理的不成熟，所以才导致林静过分依赖父亲，从而无法从父亲离世的悲伤中走出来，并重新开始新的生活。

庄周在自己的妻子过世时，表现得十分高兴。除了因为庄周看破生死的至高境界之外，更重要的还是因为庄周是站在已过世的妻子的角度来看待死亡的。

在庄周看来，对于妻子来说，死亡不仅是正常的自然现象，也是一种解脱。所以庄周认为妻子会感到高兴，于是自己也表现得很高兴。如果庄周是一个非常依赖妻子的丈夫，那么他是绝对不可能达到这种境界的。

普通人一般很难达到庄周的境界，但是学会摆脱依赖，并从悲伤中走出来，重新开始自己的生活，却是我们每个人都必须做到的。我们不能永远沉浸在亲人去世的悲伤中。

每个生物在其年幼阶段都会非常依赖母亲或父亲，这种依赖既有生理上的，如幼小动物的食物来源就是年长动物给予的；也有心理上的，对于年幼的动物而言，周围的世界既是新鲜的，也是危险的，所以需要在心理上依赖成年动物。

生理上的依赖会随着年龄的增长而逐渐摆脱。对一个小孩子来说，年幼时没有生存的能力，但是长大后他的生存能力不断提高，自然也就会摆脱这种依赖。

但是心理上的依赖却需要心理的成熟。美国著名心理学家哈洛进行过一个实验，这个实验充分说明了动物对母体的心理依赖。哈洛的实验对象是一群小猴子。

这些幼猴被哈洛分成了两组，其中第一组幼猴在母猴身边自然成长，第二组幼猴没有母猴伴随着成长。但是第二组的幼猴并不缺少食物，也就是说这些幼猴没有生理上的威胁，它们不会因为自己没有生存能力而饿死。

结果，在母猴身边长大的幼猴生活得十分健康和正常。但是另一组幼猴的健康状况却令人担忧，总是出现拉肚子的现象，精神状态也很低落。

事实上，这两组幼猴所吃的食物都是一样的。这排除了生理上的原因，只剩下心理上的原因了。因为第二组幼猴缺少了母猴的关爱，它们需要依赖母猴，并且这种依赖是必不可少的。缺少了这种依赖，不仅会影响幼猴的身体健康，还会影响幼猴的情绪。

并且长期的实验结果显示，这种脱离母猴依赖的经历对幼猴的影响远不止这么简单。哈洛的心理实验一直持续到这些幼猴长大，哈洛发现，那些没有母猴陪伴长大的幼猴，不仅很难融入群体生活中，而且无法与配偶进行正常的交配。

哈洛的猴子实验并不止这一个。哈洛在一次观看实验结果的时候，突然发现那些没有母猴陪伴的幼猴非常依赖笼子中的棉垫子。哈洛首先试着夺走正在吃奶的幼猴的奶瓶子，但是幼猴并没有愤怒，只是咂巴了一下嘴，并用爪子擦了擦嘴边的奶水。但是当哈洛试着拿走笼子里的棉垫子时，那些幼猴就表现出了愤怒，而且拼命地与哈洛争夺棉垫子。这让哈洛感到很迷惑。

后来哈洛想通了，他认为那些幼猴为自己找了一个代理母猴——棉垫子来依赖。因为棉垫子那种绵软的质感与母猴很相似。

所以幼猴把自己的依赖之情全部倾泻在棉垫子上，似乎这样可以满足它们的心理需要。

从这个实验发现中我们可以得知，如果一个人幼年之时母亲或父亲意外离世，他会寻找一个给予他关爱的成年人来依赖，以填补母亲或父亲离世所造成的空缺和心理空白。因为依赖是一个人成长过程中所必不可少的。

但是，这种依赖会随着心理的成熟而渐渐摆脱，因为每个人都要走向独立和成熟，这是人生的必经之路。不过人的生理年龄与心理年龄并不一定会同步地成长。有不少人的心理年龄在发展到一定阶段的时候就停滞了。于是，这些心理不成熟的人总是过度依赖父母，父母的意外离世就会给他们带来很大的打击，以至于他们很难从悲伤的阴影中走出来。

在狼的世界中，母狼常常采用强制手段来使幼狼摆脱这种依赖。虽然在许多人心中，狼常常代表着凶残，但是母狼却非常具有母性。母狼对幼狼总是非常溺爱，而幼狼也十分依赖母狼。

但是这种溺爱和依赖只能维持一段时间，等幼狼具有了生存能力之后，母狼就会采取强制手段驱赶幼狼，让幼狼独自去面对残酷的生存环境。起初幼狼并不明白母狼的良苦用心，总会回来。但是母狼会坚持驱赶幼狼，直到幼狼不再回来。因为母狼知道，只有这样幼狼才能在残酷的自然界中生存下来。

如果母狼不狠心驱赶幼狼，那么幼狼就只能像温室的花朵一样得不到历练，永远也不能成为一头真正的狼。等到母狼年老体衰的时候，幼狼就会因为没有生存能力而与母狼一起被自然界所淘汰。所以说，母狼的狠心其实是为幼狼赢得继续生存的能力。

其实人也一样，依赖是必不可少的，但是摆脱依赖也是我们需要经历的，尤其是心理上的依赖。每个父母在教养子女的时候，最重要的其实就是放手。因为父母不能伴随子女一生，人生的道路终究要自己走完，而放手其实就是让子女摆脱对父母的依赖，可以独立走完人生之路。

一个不再对父母依赖的成年人，面对父母离世时尽管也会悲伤，但是他们可以尽快从悲伤中走出来，因为他们明白死亡是人生的必经之路。

但是如果一个非常依赖父母的人，面对父母的离世时，他就很难从悲伤中走出来。因为他还处在心理的断乳期，突然失去了这种依赖，他自然无法适应，再加上父母离世的悲伤情绪，很容易让他深陷其中，无法自拔。

## 驱散悲伤的乌云——微笑就是阳光

有个国王，他有两个女儿，这两个女儿具有一项神奇的本领，就是她们的眼泪能够变成钻石。后来国王的这两个女儿都到了出嫁的年龄，国王很开明，让她们自己决定自己的婚事。最后，大女儿嫁给了一个有名的富翁，但是小女儿却嫁给了一个穷困的农夫。

起初，国王在得知小女儿要嫁给一个贫穷的农夫时很不愿意，但是小女儿很坚持自己的决定，国王也只好同意。

一年之后，国王想要知道这两个女儿是否过得幸福，于是就召见了她们。国王发现，大女儿浑身珠光宝气，小女儿依然荆钗布裙。于是国王就理所当然地认为，小女儿的生活没有大女儿的生活幸福，并为小女儿感到哀伤。

但同时国王也很迷惑，因为他的两个女儿的眼泪都可以变成价值不菲的钻石，那么小女儿想要过上富裕的生活应该也很容易。可是为什么小女儿还像出嫁时候那样过着清贫的日子呢？国王实在想不通，就找来了小女儿的丈夫。

国王问道："我女儿的眼泪可以变成钻石。就算你没有能力让她过上优越的生活，但是只要有了钻石，你们的生活也会得到极大的改善。可是据我的观察，你们似乎还过着和之前一样的贫穷生活。"

农夫是这样回答的："可是我舍不得让她悲伤和哭泣，所以我会尽力做到不让她流眼泪，自然也就得不到钻石了。"

听完农夫的话后，国王才恍然大悟，原来大女儿的富裕生活都是用她的眼泪换来的。而小女儿才得到了真正幸福的生活。

从这则童话故事中，我们可以得知，快乐的生活是用多少金钱都换不来的。眼泪是人们表达悲伤的一种方式。但当眼泪威胁到你的生命时，你该怎么办呢？这不是童话，而是真实发生的。

哭泣是人的本能，可是当眼泪会威胁到生命的时候，那就只能微笑了。美国西部一个边远的小城市有一座不起眼的小山，但是这座小山却远近闻名，因为这座小山上有一栋特殊的房子，房子里住着一个只会微笑，或许应该说只能微笑的女人。

这栋特殊的房子是用有机玻璃构成的，里面充满了人为加工过的氧气。因为这栋房子里的主人只能在这种充满人工氧气的环境中生存。普通人都是靠吸入空气而生存的，但是她却不行，外界的空气对她来说无异于毒气，吸入后会死亡。

这个人的名字叫玛丽，是美国纽约医科大学著名的植物学教授。玛丽除了需要人工氧气以外，吃的食物也必须经过严格的人工处理，所喝的水也必须是蒸馏水。可以说，玛丽只能生活在一个完全没有细菌的环境中。

玛丽不仅不能走出这个特殊的小屋，而且其他人也不能随意进来，因为随意闯进的人会给这个干净的环境带来许多细菌，而这些微小的细菌很有可能会要了玛丽的性命。所以，玛丽只能依靠传真的方式与外界的人保持联系。

这些对玛丽来说都是可以忍受的，最让玛丽难以忍受的是她的眼泪。因为玛丽的眼泪会改变这座特殊房屋中的环境，而这种变化对玛丽的身体来说是无法承受的。

玛丽的这种十分怪异的病症并不是天生的，而是一次意外造成的。玛丽是一名植物学教授，有一天她去一座不知名的山上采集了一些有价值的植物样本，并带回了自己的实验室。

像往常一样，玛丽随手拿起一瓶杀虫剂对着植物样本的叶子喷洒，只有这样玛丽才能把它们做成植物标本。一切都没有出错，但是意外就这样无声无息地来了，玛丽突然毫无征兆地全身痉挛起来，最后被送往了医院。

虽然玛丽的生命没有危险，但是她的身体状况却出现了巨大的变化。这种变化不用医生告知，玛丽自己就可以感受到。

从那以后，任何化学药剂玛丽都不能直接接触，就连普通人经常使用的香水、洗发水、沐浴露等也会给她的健康带来麻烦，因为那些含有化学物质的用品会使玛丽的气管发炎。面对这种怪异的症状，医生们也束手无策。

玛丽的健康状况越来越差劲，最后她的呼吸道连普通的空气都接受不了了。因为空气中的那些杂质会使气管受到感染，所以，玛丽的丈夫才为她修建了这样一栋充满人工氧气且毫无细菌的房子，因为玛丽只有在这样的环境下才能生存下去。患病后的玛丽不停地流口水，而且尿液还是绿色的，背部也出现了许多疤痕，这些症状都是由感染引起的。

后来经过医学鉴定，玛丽的这种怪病被称为“多重化学物质过敏症”。引起这种症状的就是那瓶玛丽曾经使用过的杀虫剂，那瓶杀虫剂中的某种化学物质严重破坏了玛丽的免疫系统。所以玛丽的身体无法对抗生活中的细菌以及杂质，只能生活在一个无菌的环境中。

让玛丽感到绝望的是，这种“多重化学物质过敏症”一旦患上就终生无法摆脱了，因为根据目前的医疗水平，这种病症是不能被治愈的。

可是，玛丽并没有因为这种病症而永远活在悲伤中，她很快就振作起来。在患病后的第二年，玛丽与一些志愿者就创办了“环境接触伤害研究网”，专门研究“多重化学物质过敏症”，而且还给其他患病的人以鼓励。在媒体的宣传下，越来越多的人开始关注玛丽以及“多重化学物质过敏症”。

后来，有媒体为玛丽做了一个专访，在这个专访中新闻媒体用传真的方式问道：“到底是什么支撑着您走到了今天而没有被悲伤打败？”

玛丽的回答一语双关：“因为我不能哭泣，所以只能微笑。”玛丽不能随便流眼泪，因为眼泪会使周围的环境改变，而改变了的环境会严重影响玛丽的健康。同时，对玛丽来说，既然“多重化学物质过敏症”是无法改变的事实，不论她流再多的眼泪也无济于事，既然如此，还不如对生活报以微笑。

当一个人感到悲伤时，会不自觉地想要流泪。其实这样只会让你悲伤的情绪扩大，你会变得越来越悲伤，于是在你眼睛周围的环境也会变得越来越糟糕。

所以在悲伤的时候，不妨扬起你的嘴角，给自己一个微笑。许多人认为微笑只是做给别人看的，根本不可能改变引起自己悲伤的环境，最终依然还会悲伤。

但是，当你真的对自己报以微笑的时候，最起码能改变自己的心态，当心态发生改变时，周围的一切也会随之改变。卡耐基曾经说过："笑容就像能穿透乌云的阳光一样，能够照亮所有看到微笑的人，并带给人们温暖。"

不要小看微笑的力量，因为微笑真的能改变你，包括你周围的人。以下这则故事就说明了微笑的力量，正是微笑拯救了这个女人的生命。

珍妮是一名独居女性，有一天当她听到有人敲门时，没多想就开门了。但是门口却是一个满脸凶相的男人，而且这个男人手中还拿着一把明晃晃的菜刀。

看到这副景象，人们最先想到的应该就是入室抢劫了，并且还会伴随着一脸惊恐的表情。但是珍妮并没有这么做，她对这个凶悍的男人报以微笑。

珍妮微笑着对那个男人说："朋友，你在开玩笑吗！你是推销菜刀的吧，正好我需要一把菜刀。"珍妮边说边请这个男人进来："你长得很像我以前的一个邻居，他很喜欢开玩笑，和他在一起总是很快乐。对了，你想要喝茶还是咖啡？"在珍妮的热情招待下，那名满脸凶相的男人反而变得腼腆起来，不好意思地向珍妮道谢。

最后，珍妮买下了这名男子的菜刀，男子迟疑地捏着手中的钱走了出去，在临走前对珍妮说了一句话："小姐，你将改变我的一生。”其实，珍妮的微笑不只将改变这个男人的一生，也使珍妮免受了一次致命的伤害。

人的微笑表情往往具有不可思议的神奇力量，不仅能使人与人之间的关系得到改善，而且还能传递一种发自内心深处的温暖。

当你扬起嘴角微笑的时候，你就会获得宽容、接纳的力量，这种力量会使你的悲伤情绪被一扫而光。这种力量还会帮助你获得一种内心的安宁，从而让你远离悲伤的情绪。

所以，当你感到悲伤的时候，请你暗示自己一定要微笑，并进行深呼吸，最后扬起嘴角报以明媚的微笑。因为在微笑面前，悲伤会溃不成军。而那扬起的嘴角代表着你内心的阳光与希望。

## 悲伤是自寻烦恼吗——理性情绪疗法

凯莉的丈夫是她大学时期的男友，在两人大学毕业后很快就结婚了，而且为了支持丈夫的事业，凯莉自愿放弃了工作，成为一名家庭主妇。凯莉和丈夫的感情很好，这让凯莉很欣慰，并不后悔当初做家庭主妇的选择。

但是这种婚姻所带来的幸福只维持了五年时间，最近凯莉变得越来越抑郁寡欢，因为她感觉到丈夫改变了很多。凯莉常常想，是不是丈夫已经厌倦和她在一起了？而且他们的婚姻也处在崩溃的边缘。

对于一直以家庭为中心的凯莉而言，这种婚姻状况让凯莉整天都生活在悲伤之中。最后，凯莉决定为挽救婚姻做出一些努力。

一天晚上，凯莉专门为丈夫准备了一桌丰盛的晚餐，全部是丈夫平时最爱吃的菜：卤香牛肉，炸鸡腿，等等。凯莉还专门花费了几个小时的时间做了一个奶酪蛋糕，这是凯莉最近才学会的。

不论怎么说，这一桌子丰盛的菜肴代表着凯莉的心血。凯莉的丈夫回家后，凯莉就把这些精心准备的菜肴端上了饭桌。

凯莉的丈夫先吃了一口卤香牛肉，然后对凯莉说："这个卤香牛肉实在太咸了，以后做的时候就少放点儿酱油。"又吃了一口炸鸡腿后说："炸鸡腿的时候油放得又太多了，以后少放点儿油。"丈夫的这些话让凯莉的心情变得越来越糟糕。

不过最糟糕的还是丈夫对凯莉所做的蛋糕的评价，丈夫在吃了一口凯莉所做的奶酪蛋糕后说："你以后别做蛋糕了。"

丈夫的这句话彻底点燃了凯莉的怒火，凯莉突然觉得自己很悲哀，花费了那么长时间和那么多心血所得的却是一番批评，于是难过无比的凯莉突然站起身来，拿起整个蛋糕，在丈夫还没有反应过来的时候就把蛋糕扔到了垃圾桶里。

凯莉的丈夫被她的行为吓了一跳，问道："你这是干什么？好好的蛋糕就这样浪费了？而且你无缘无故地发什么火儿？"

凯莉不满地说道："为什么？你还不知道吗？其实我早就知道你对我心怀不满了。我辛辛苦苦做了一桌子的菜，你一样都不满意。我知道其实你早就想和我离婚了。"说完后，凯莉突然觉得自己很悲哀。

凯莉的丈夫听完妻子的话后显得很吃惊："我为什么要和你离婚？而且我什么时候说过要和你离婚了？"

凯莉难过地说道："刚才你不是说我做的卤香牛肉太咸了，就是说我做的炸鸡腿太油了。还有你不是说，不让我做蛋糕了吗？你是想找另一个人为你做蛋糕吧。而且最近一段日子，你总是说我不该做这个，不该做那个。难道这些不是在说明，其实你已经厌倦和我在一起生活了吗？既然厌倦了，就只能离婚了。"凯莉越说越觉得难过，最后居然哭泣起来，因为她觉得自己很委屈和悲伤。

凯莉的丈夫在听完妻子的抱怨后，叹了口气说："我之所以说卤香牛肉太咸了，是因为你有家族遗传的高血压，不能吃太咸的食物。而且有一次我看到了你的体检报告，发现你的胆固醇明显偏高，所以我才说炸鸡腿太油了，以后我们都要尽量少吃油炸食品，否则对身体健康不好。不让你以后做奶酪蛋糕，是考虑到奶酪蛋糕总是会花费太多的精力和时间。"

凯莉听完丈夫的话后才恍然大悟，原来这些日子的悲伤都是自找的。那种所谓的婚姻厌倦根本就是自己杜撰出来的，实际上并不存在，而自己居然为此悲伤和难过了那么长时间。

人是一种社会动物，每个人离开这个社会都无法生存。人与人之间的交往也是必然的，既然人与人之间有交集，自然会出现一些问题。而这种来自人际关系的问题常常会引起人们情绪的波动。

想要解决因为人际关系引起的情绪波动就需要理解，这种理解也可以说是站在对方的角度上考虑问题。这样你就会理解对方的行为，自然也不会因此而产生负面情绪。

就算你依然还会感到悲伤和难过，但是你会因为这份理解而拥有了控制自己负面情绪的理性。你也就不会因为过度的悲伤而出现一些类似于发疯的失控行为，这样就避免了失控行为所带来的严重后果。

这种理解的态度也可以转换成一种换位思考的思维方式。只有一个人学会了换位思考,那么他才可能拥有一颗宽容的心和快乐的生活。

有一个作家为了寻找写作的灵感就到乡下去了，并在那里居住了一段时间。有一次，作家漫无目的地在林间小道上散步，他忽然看见了一个农民在干活，但是这个农民却是坐着干活的。这让作家很不理解，因为干活儿的时候大家都是站着的，唯独这个人坐在那里。于是作家就理所当然地认为，这个人肯定是一个懒汉，因为不得不干活儿，所以就想了这样一个懒惰的方法。

后来作家就绕道行走，在离开之前作家忍不住回头看了一眼这个懒汉。就是这一眼,让作家颠覆了之前的看法。由于角度的不同，作家才恍然发现，原来那个所谓的懒汉其实是一个残疾人，因为作家看到那个人有一条裤腿是空的。原来这个人根本不是懒汉，相反是一个自立自强的残疾人!

当你换一个角度去看待同一件事情的时候，往往会颠覆你之前的看法，而且你还会因此改变自己的心境。

有一个老太太，她有两个女儿，一个女儿嫁给了卖粉条的人，另一个女儿嫁给了卖雨伞的人。当天气晴朗的时候，老太太就为那个卖雨伞的女儿担心，因为天晴时，女儿的生意就会变得很差；如果遇到下雨天气时，老太太就为那个卖粉条的女儿担心，因为下雨了，粉条就不好卖出去了。于是，这个老太太整天活在悲观的情绪之中。

后来，有一个人建议老太太这样想：下雨天的时候为卖雨伞的女儿高兴，晴朗天气时为卖粉条的女儿高兴，因为她们的生意都会因为天气而变好。在听完这个人的建议后，老太太果然从悲伤的情绪中走了出来，成了一个整天都乐呵呵的老人。

人们之所以会被悲伤的情绪干扰，是因为他们看问题的方式不正确。总是被悲伤情绪困扰的人，往往喜欢从悲观的角度看问题。这样一来，他总会看到事物不好的一面，心情自然好不到哪里去，悲伤的情绪也就会乘虚而入。

所以，想要克服悲伤的情绪，就必须培养自己积极乐观地看待问题的习惯。一旦形成这种习惯，你整个人的状态也会随之改变。因为你在遇到问题时，总会看到希望。而希望往往会给予你克服困难的力量。

改变看问题的方式和角度其实属于认知心理流派常常会使用的手段。因为在认知主义者看来，人们之所以会被各种心理问题困扰，是因为看待问题的方式出了问题。所以认知主义者在进行心理治疗的过程中，往往会引导来访者从另外一个积极乐观的角度去看待自己的问题，而当来访者真的这样做的时候，心理问题也会随之得到解决。

在认知疗法中有一种疗法的名字叫理性情绪疗法，其创始人是阿尔伯特·艾利斯。在艾利斯看来，人们之所以会被一些悲伤、抑郁、愤怒等不良情绪所影响，是因为他们运用了错误的推理方式并持有了非理性的观点。

艾利斯把人的不良情绪的产生过程主要分为三个步骤，即诱发事件、非理性观念、情绪结果。诱发事件是人们所无法改变的既定事实，但是非理性的观念却是主观的，可以发生改变。而这个观念的改变往往会导致不同的情绪结果。

理性情绪疗法主要分为两个步骤，第一步确定自己到底从什么角度去看待已经发生的事实；第二步就是改变这种看问题的角度。例如，你认为恋爱的失败会让你生活在悲伤的情绪中，往往你就真的被笼罩在失恋的悲伤情绪中了。但是如果你改变了自己看问题的方式，认为失恋了正好可以开始新的生活，那么你很快就能从悲伤的情绪中走出来。

所以如果想要克服悲伤的情绪，就必须培养自己理性看待问题的习惯。

# 第八章

# 习得性无助的悲哀——心理学教你如何扫除沮丧

你曾被沮丧和无助的情绪困扰吗？长期的沮丧会演变成习得性无助，让一个人永远是一个失败者的角色。面对拒绝，面对批评，面对挫折，让我们振作起来，不做沮丧情绪的奴隶。

# 人生没有橡皮擦——别让沮丧毁掉你的生活

丽兹·莫里是哈佛大学的女博士，但是她的人生经历却感动了许多美国人。丽兹用她的人生经历告诉人们：既然不幸的生活已经降临，你所能做的只有去努力改变这种不幸，如果一直沮丧、绝望下去，你将永远无法站立起来。

1980年，丽兹出生于美国纽约的一个贫民窟中，从出生的那一刻起，就意味着丽兹要承受许多同龄人所无法承受的不幸和痛苦。因为丽兹的父母都染上了毒品，家里所有的积蓄被用来买毒品。

因为贫穷的生活，丽兹从小就被剥夺了受教育的权利。虽然丽兹也很想像其他同龄人一样去学校接受教育，但是这种希望对丽兹来说却是一种无法得到实现的奢望，因为丽兹所面临的最大问题就是生存。

丽兹还有一个姐姐，姐妹二人由于忍受不了饥饿，只好到街上去乞讨。那时丽兹只有8岁，对于一个8岁的孩子来说，乞讨是她唯一能想到的让自己活下去的方式。

丽兹的年纪虽然不大，却已经开始明白所谓的自尊，可丽兹没有办法，她必须抛下自尊去换取自己继续生存下去的权利。但是丽兹不知道的是，就算抛下了自尊去乞讨，也不代表着她会吃饱。

有时候，丽兹和她的姐姐饿得非常厉害时，她们会去吃冰块。

不是那种类似于冰激凌的冰块，因为那样的冰块是商品，是需要用金钱去购买的。不过这也必须等到温度下降到零摄氏度以下之后，才有机会吃到冰块。

在丽兹15岁那一年，她的父母被“毒品”带走了。尽管丽兹的父母没有给她和姐姐带来一个正常孩子应该享有的生活，尽管在这个所谓的家中，丽兹并没有感受到家的温暖，但毕竟父母还是给了她们一个家。父母去世后，丽兹和姐姐就沦为了无家可归的孤儿。

丽兹的姐姐还算幸运，因为她的一个朋友伸出了援助之手。所以，丽兹的姐姐每天晚上都会在朋友家的沙发上过夜。丽兹却没有这么幸运，她就不得不流落街头。有时候，丽兹会在地铁或是隧道中过夜，而有时运气不好，街头的长椅就是她的卧室。

父母的去世给丽兹的打击很大，从那个时候起，她就暗自下定决心，一定要通过自己的努力去改变人生，不能在这不幸的人生中继续沉沦下去。于是，她开始申请进入学校学习。

现实又一次考验了丽兹，丽兹到许多学校去申请，但是没有一所学校愿意接受这个穿着一身脏衣服散发着臭味的学生。丽兹并没有轻言放弃，终于她顽强的意志打动了一个校长，于是丽兹开始在一所高中的速成班中学习。

但是，这仅仅是丽兹走出绝境的第一步，因为丽兹没有任何基础，她在学习的时候需要克服许多困难。同时，丽兹还需要到处打工，因为她需要养活自己。

就这样，丽兹的人生终于迎来了第一缕阳光。两年后，丽兹以每门功课都为A的优异成绩被哈佛大学录取。而且,《纽约时报》还为丽兹资助了1.2万美元的特殊奖学金。2009年,丽兹获得了哈佛大学临床心理学的硕士学位,并继续留在哈佛大学攻读临床心理学博士。

一些人喜欢用铅笔写字,因为如果出错了,可以用橡皮擦擦掉重来。在拍摄电影和电视剧的时候,如果出现了差错或是不满意的地方,也都可以重新来过。但是,我们的人生却没有这样的可能,只能继续往前走,不能重来。

曾经有人说过,如果人生可以重来,那么将有99%的人能成为伟人。有人认为这样的想法有些天方夜谭;但也有人认为,依靠高科技,我们还是可以实现人生重来的神话的。

如果时间能够倒流,那么人生就可以重来。但是,时间真的可以实现倒流吗?爱因斯坦用他那天才的大脑告诉我们,只要我们的速度可以超过光速,时间真的可以倒流。这样说来,当科技发展到一定程度,人类就有可能发明出时间机器,时间机器可以帮助我们回到过去,然后我们就可以重新来过。

但是,科学家告诉我们,即使有一天人类的技术已经可以制造出超越光速的机器,人类也无法进行时间穿越。这倒不是说爱因斯坦所提出的广义相对论是错误的,而是因为我们人类的身体根本承受不了那样的速度。

所以,有关人生重来的梦想是不可能实现的,人生是没有橡皮擦的。在一个人的人生中，总会经历许多挫折和不幸。有不少人就常常想，如果人生能重新来过就好了，那样的话我一定会尽力避免遭受那些不幸和挫折，这样我的人生也就会变得更完美。

但是，每个人的人生只能经历一次，没有彩排的准备，也没有重来的机会，更没有一个橡皮擦让你擦掉人生中的不满重新开始。既然这一切都无法改变，那么我们能改变的只有自己了，让自己尽快从沮丧的情绪中走出来，重新精神抖擞地去战斗、去努力，永远不放弃希望。

每个人在面临挫折和不幸的时候，都会变得很沮丧。如果这个挫折和不幸很大，通过自己的努力似乎无法战胜和改变它，那么这个人就会被沮丧、绝望、无助的情绪笼罩，渐渐放弃反抗的努力，并出现一种破罐子破摔的想法和行为。

如果一个人总是遭遇不幸和挫折，那么他就会认为这一定是老天的意思，我的人生本来就很倒霉，我的人生本来就该如此不幸，于是就会放弃努力，一直生活在沮丧和绝望的情绪之中，自暴自弃。这种现象在心理学上被称为“习得性无助”。

## 不要被沮丧控制——摆脱习得性无助

尽管人自诩是万物之灵长，并认为自己比动物更高一等，但是人不论是在生理上还是心理上都和动物有着很多相似的地方，尤其是像猴子和猩猩这样的动物，因为它们与人类的基因相似度高达95% 以上，所以它们的许多心理状态和行为与人类更为相似。或许正是因为这些原因，许多研究人员都愿意拿动物做实验。

“习得性无助”的心理结论是由美国宾夕法尼亚大学心理学教授西里格曼于 1967 年提出的，西里格曼教授是根据自己的实验提出这样的结论的。习得性无助具体是指，如果一个人最初在某个环境中获得无助感，那么在以后的情景中依然无法从这种无助感中解脱出来，并且这种无助感还会扩展到生活的各个领域之中。

西里格曼有一条狗，这条狗就是他的实验品，正是因为这条狗所做出的巨大牺牲，才有了“习得性无助”的心理学理论。起初，西里格曼把狗关进了一个笼子中，然后对狗进行电击，与此同时还要弄响蜂音器。遭受电击的狗会变得十分痛苦，为了摆脱这种痛苦的体验，狗会四处逃窜，但是由于有笼子的存在，狗的这种挣扎是无效的，狗依然会被电击得屁滚尿流、惊恐哀叫。

西里格曼对这条狗进行了很多次电击，后来尽管没有电击，只要蜂音器一响，狗就会出现屁滚尿流和惊恐哀叫就像被电击时会出现的反应一样。后来，这条狗那种被电击后的强烈反应渐渐消失了，变成了一种非常沮丧的反应，只是耷拉着脑袋在笼子里呻吟和颤抖。尽管反应没有之前那么强烈，但是西里格曼观察到这条狗依然在承受着被电击的痛苦。

这样的实验又进行了很多次，最后西里格曼不仅停止了电击，还把笼子打开了。狗完全可以逃出去，摆脱被电击的痛苦，但是它似乎选择了放弃，或许那么多次的失败和挫折已经告诉它，一切努力都是没用的。于是狗放弃了努力，绝望地等待着电击痛苦的来临。

狗之所以会产生习得性无助的心理，是因为它在刚开始接受实验的时候，意识到自己是否被电击的控制权并不掌握在自己手里。因为失去了这种控制感，于是这条狗就变得越来越沮丧，认为自己根本没有能力去改变被电击的事实。其实在实验刚开始的时候，狗也做过挣扎的努力，但是失败了。这接二连三的失败让狗变得越来越沮丧和不自信，于是干脆放弃努力，接受命运的安排。

根据实验中这条狗的种种反应，西里格曼提出了“习得性无助”的心理学理论。西里格曼认为这种习得性无助不仅适用于动物，而且也适用于人类，于是西里格曼又把实验的对象转移到人。

参加西里格曼心理学实验的是一批大学生，西里格曼把这批大学生分成了三个实验小组。第一个实验小组的学生被西里格曼安排听一种噪声，而且不论这组的学生做出什么样的努力，都无法使这个噪声停止；第二个实验小组的学生也被西里格曼安排听同一种噪声，不同的是，他们可以通过自己的某种努力来使噪声停止；第三个实验小组的学生比较幸运，因为这个小组被作为对照小组，学生们不用听任何噪声，只需要在一个相对安静的环境中待一段时间就可以了。

在进行完这个实验后，这三个小组的学生马上被安排进行另一个实验，这个实验实际上就是检验这三个实验小组的学生是否形成了习得性无助的心理。

西里格曼在这次实验中为学生们准备了一个“手指穿梭箱”，这个“手指穿梭箱”是西里格曼特制的。只要一个人把手放在箱子的一侧，就会听到令人厌恶的噪声，但是当把手放在箱子的另一侧时，这种令人厌恶的噪声就会消失。

实验结果显示,第一组的学生把手放在“手指穿梭箱”上的时候，听到了刺耳的噪声，但是他们都无动于衷，并没有想办法结束这刺耳的噪声。而第二组和第三组的学生在把手放在“手指穿梭箱”上听到刺耳的噪声的时候，会想办法结束噪声，后来他们发现只要把手放到“手指穿梭箱”的另一侧，就可以使噪声停止。

西里格曼的这个实验充分说明，习得性无助的心理不仅会出现在动物身上，还会出现在人类身上。其实在日常生活中，这种习得性无助的现象十分常见。

如果一个人遭遇挫折和打击，那么他就会出现沮丧和无助的情绪，沮丧之后，这个人就会想办法重新振作起来，努力去战胜生活中所遇到的困难。但是如果通过自己的努力，依然没有改变目前所面临的困境的话，那么这个人就会重新陷入沮丧、绝望的情绪中。沮丧的情绪尽管会给人带来消极的影响，但是并不是最可怕的。

如果一个人有了沮丧的情绪，并没有很好地处理，那么这种沮丧的情绪就会被积累起来。沮丧的情绪一旦积累到一定程度，就会出现质的改变，于是就会形成一种新的心理状态——习得性无助。

就好像一个学习成绩差的学生，他为了提高自己的学习成绩，就会做出一些努力。如果这个学生通过自己的努力，使学习成绩得到了提高，那么这个学生在接下来的学习中就会获得无限的动力。

但是，如果他的努力没有得到应有的收获，学习成绩并未得到提高，那么这个学生就会变得沮丧。沮丧情绪持续一段时间后，或许他会鼓励自己重新振作起来，继续努力学习。如果仍旧没有得到自己想要的成绩，那么他又会变得十分沮丧。

最后，这个学生就会被接二连三的打击击垮，形成一种习得性无助的心理，于是就破罐子破摔起来，或者干脆认为自己天生就不是学习的料。

所以，当你遭遇挫折或是不幸而产生沮丧的情绪时，千万不要沉溺在沮丧的情绪之中，因为你的这种行为很可能让你产生习得性无助的心理。一旦有了习得性无助的心理，你就会变得毫无动力，并开始认命。即使命运之神给你走出不良情绪的机会，你也会忽视。就好像西里格曼实验中的那条狗一样，尽管西里格曼打开牢笼让它摆脱被电击的痛苦，但是它还是在笼子里呻吟和颤抖，因为它认为自己命该如此。

## 习得性无助的解毒剂——屡败屡战

美国总统林肯的一生可以说就是不断与挫折和沮丧进行斗争的一生。林肯在 21 岁的时候，尝试着做生意，但是失败了。

22 岁的时候，林肯放弃了做生意，开始参加州议员的竞选，但是依然以失败告终。无奈之下，林肯只好重新试着做生意，24岁的时候，生意再次失败。

上帝似乎是在故意考验林肯，面临着事业失败的林肯，又一次面临感情的伤痛。在林肯26岁的时候，他的情人去世。这种双重的打击终于击垮了顽强的林肯，当时，林肯的精神状态处于崩溃的边缘。

但是，林肯很快就从沮丧的情绪中振作起来，34岁的时候，林肯参加美国联邦众议员选举，然而不幸依然缠绕着林肯，他再度失败了。

此后，林肯的人生一直经历着失败与挫折，45岁时，参加美国联邦参议员的选举，又失败了；47岁时，曾经被提名为副总统，依然以失败告终；49岁时，参加美国联邦参议员选举，还是失败了。

这样的人生经历很容易让一个人陷入习得性无助的心理中，并自甘堕落。如果林肯是这样的人，那么我们也就看不到后来那个伟大的总统了。但是林肯并没有放弃，因为他知道，如果他不对自己的人生负责的话，那么全世界都会放弃他。

终于，林肯的坚持得到了回报，在52岁的时候，林肯成功当选为美国第十六任总统，并被认为是美国历史上最伟大的总统之一。因为林肯不仅废除了美国的奴隶制度，为黑人争取到了平等的社会地位，还维护了美国的统一，并为美国以后的繁荣立下了不可磨灭的功劳。

其实，林肯的一生可以用八个字来形容——屡战屡败，屡败屡战。屡战屡败说明了林肯那坎坷和充满挫折的一生，因为他的一生中充满了失败。而屡败屡战说明了林肯身上的那种精神，一种百折不挠的精神，一种坚韧不拔的意志。正是因为这种屡败屡战的精神，才把林肯推向了总统之位。

面对生活中的挫折，每个人都会有沮丧的情绪，但是我们可以像林肯一样，屡败屡战。因为屡败屡战的决心不仅能战胜沮丧，也可以让习得性无助远离你。

## 岂能尽如人意——相信自己就好

克里斯托·莱伊恩是英国一位著名的建筑设计师，他所设计的建筑风格很独特，赢得了许多人的喜爱，因此温泽市政府大厅便邀请他参加设计。

莱伊恩利用所学的工程力学的相关知识，并根据自己以往的设计经验，提出了一个巧妙的设计方案。在这个方案中，只用一根支柱就可以支撑起整个大厅的天花板。莱伊恩对自己精心设计的方案充满了信心，但是现实却很残酷。

几乎所有的人都认为，只用一根支柱撑起整个大厅的提案根本是天方夜谭。因为市政府大厅的天花板是如此沉重，如果只用一根柱子，那么过不了多久，天花板就会坍塌。所以权威人士要求莱伊恩在原定的设计方案中，再增添几根支柱，以保证天花板的稳固。

面对这种质疑，莱伊恩很生气，并且拒绝修改原定方案，因为他认为自己的设计根本没有问题，只需要一根柱子，整个天花板就会非常牢固，根本不用浪费建筑材料去再多添加几根柱子。

莱伊恩还运用了周密的计算以及一些相关实例来说明自己设计方案的正确性，但是那些权威人士依然不相信莱伊恩的这个设计，并认为莱伊恩被以往的成功冲昏了头脑，变得过于自信。

双方发生了非常激烈的争论，以至于莱伊恩差点儿被送上法庭。面对现实中的巨大压力，莱伊恩只好选择了妥协，他修改了原来的设计方案，在一根支柱的基础上又增加了四根支柱。

可是莱伊恩的妥协只是表面上的，他并没有被周围人的质疑所击败，因为他相信自己。为了证明自己是正确的，这四根新添加的支柱在建造的时候，距离天花板有两毫米的距离，而所有人都没有注意到这个微小的距离。但正是这两毫米的距离，证明了莱伊恩的正确。

这个市政府大厅历经三百年的岁月，虽然在此期间这里的主人换了一位又一位，但是这个大厅还是完好如初，成功地经受了岁月的考验。那是因为这是莱伊恩最得意的作品，尽管莱伊恩早已作古。

直到20世纪后半期的时候，温泽市市政府准备装修一下天花板，才发现了这个令人震惊的秘密。时间证明了一切，莱伊恩是正确的。

这个消息传播得很快，特别是在建筑行业里。世界各地的著名设计师都慕名来到温泽市，只是为了一睹那个只用了一根支柱撑起的天花板。这根支柱上有当年设计师莱伊恩留下的一行文字："真理与自信往往只需要一根支柱。"

莱伊恩在面对周围人的质疑时，并没有陷入沮丧的情绪中而灰心丧气，因为他足够自信，相信自己是正确的。对许多人来说，莱伊恩是陌生的，而有关他的资料记载也很少。

在这仅存的一点儿资料中，记载了莱伊恩面对周围人的质疑时所说的一段话："时间会证明一切，我相信，在一百年以后，或许是更久之后，当所有的人面对这根支撑起整个天花板的支柱时，你们的表情只能是哑口无言和瞠目结舌。我只想向世人证明，你们所看到的一切，并不是奇迹，而是我的坚持！"

一个人对自身的认识，很大程度上来源于周围人的评价。如果他人对自己的评价比较高的话，那么我们就会感到很兴奋，并认为自己是优秀的或是无所不能的。但是如果周围的人批评自己或者对自己的能力产生了质疑，那么我们就会变得很失落和沮丧，并认为自己是错误的。

一个人之所以会因为周围人的否定而陷入沮丧的情绪之中并自我怀疑，是因为他看不到自身的优点，总是认为自己不如别人，并认为别人才是正确的。陷入沮丧情绪中的人，往往会非常羡慕其他人，对自身的优点和特点视而不见，并模仿他人，从而丧失了自己。

沮丧之中的人最需要的就是自信，只要相信自己，那么就一定可以摆脱沮丧的消极情绪。我们可以选择积极自我暗示的方法，每天都告诉自己：“我一定可以做到！我是最优秀的！”，等等。

积极自我暗示的时间可以根据自己的具体情况而定，可以选择在早上，也可以选择在你感到沮丧和失落的时候。

每个人都希望自己可以得到所有人的认可和喜爱，这是一种完美主义的倾向。但是这个愿望在现实生活中是根本不可能得到实现的，因为每个人的人生观和价值观都不同。所以，有人喜欢你，也一定会有人不喜欢你，你不可能迎合所有人的喜好和看法。

在国外，有一个著名的画家，受到了很多人的欢迎，于是他想画一幅所有人都满意的画。画家花费了很长的时间和大量的精力，画好了一幅画，并挂在了展览厅中。

在这幅画家自认为完美无缺的画的旁边有一支笔，这支笔就是专门为观看者准备的。只要观看者认为画中有不完美的地方，就可以用笔标出一个记号。

等到傍晚时分，画家去取自己最得意的作品时，吓了一大跳，因为这幅画上被标满了记号，没有一处不受到观看者的指责。画家那高昂的情绪瞬间变得非常低落和失望，于是画家就认为自己的作品一无是处，整个人非常沮丧。

后来，画家的一个朋友实在看不过去了，便给画家出了一个主意。画家认为朋友的建议不错，就决定试试。第二天，画家重新临摹了一幅画，和之前的那幅画几乎一模一样，然后又挂在了展览厅中，而且还是相同的位置。

这幅画的旁边依然放了一支笔，不同的是，画家要求观看者看到自己十分欣赏的地方时，才可以用笔标出记号。等画家去取这幅画的时候，十分吃惊，因为画上依然标满了记号，而且和之前那幅画的记号几乎一致。

画家终于明白了，一个人不可能得到所有人的喜爱和认可。如果有人以得到所有人的喜爱和认可为目标的话，那么他只能活在沮丧和失望的情绪之中。

每个人都希望得到他人的认可，这是一个人正常的心理需求。当自己被他人认可时，我们就会变得高兴。但如果是被否定的话，那么我们之前的愉快心情或许会一下子跌落到冰点，从而会出现一种沮丧的情绪，甚至还会憎恨那个否定自己的人。

既然我们不可能得到所有人的认可，我们就没有必要因为他人的否定而沮丧，只要坚持自我就好。

## 面对拒绝不要沮丧——拒绝给了你新的机会

马丁·库帕从小就十分喜爱无线电，并希望能成为无线电界一个有作为的人。库帕在大学毕业以后，就毫不犹豫地去了一家无线电公司应聘，这家公司的老板是乔治。这个名叫乔治的人不仅是无线电界的资深人士，而且还是库帕的偶像。

当库帕进入乔治的办公室后发现，乔治正在专心研究无线电话。但是库帕还是勇敢地说出了自己的想法：“尊敬的乔治先生，我希望我可以成为贵公司的一名员工。我非常喜欢研究无线电，只要您能录取我就可以，我对待遇方面并没有什么要求。”

库帕感觉到乔治似乎并不高兴。乔治用生硬的语气问道：“你是哪一年毕业的？”库帕回答道：“我今年刚刚大学毕业，虽然十分喜欢研究无线电，但是并没有工作经验。”当库帕说完后，乔治直截了当地拒绝了库帕。

面对乔治的拒绝，库帕并没有沮丧和慌张，而是十分平静地对乔治说：“乔治先生，我知道您在研究什么，是无线移动电话吧？或许我可以留下来帮助您。”

后来，库帕就对乔治述说了许多自己对无线移动电话方面的猜想，尽管乔治也认为库帕的许多想法是正确的，但是他依然拒绝了库帕。因为在乔治看来，面前的这个年轻人实在太年轻和幼稚了，并不适合待在自己的公司。

被拒绝的库帕并没有陷入绝望，因为他相信自己的价值。在离开乔治办公室的时候，库帕对乔治说了一句话：“乔治先生，不久的将来，我会用事实证明你对我的看法是错误的，我一定会在无线电界有一番作为。”

带着这份自信，库帕很快就在另一家无线电公司找到了工作，这家公司的名字叫摩托罗拉。之后，这家公司的名字成了一个著名的手机品牌。

库帕成为摩托罗拉公司的工程技术人员，并发明了手机。而手机成了未来社会中的主流无线电通信设备。当手机被成功发明出来后，库帕就给乔治打了一个电话："乔治先生，您一定想不到，我是那个曾经被您拒绝的年轻人，现在我正在用一部便于携带的无线电话和您说话。"

库帕成功发明手机后，备受瞩目，在一次采访中，记者问道："如果您当初被乔治录取了，还会发明出手机吗？"库帕回答道："不，如果我成为乔治公司中的一员，我永远也不可能发明出手机。"

记者不解地问道："为什么？"库帕说："因为如果我被乔治录用，那么我一定会潜心向他学习，基本上不会有什么突破和进展。正是因为乔治拒绝了我，所以我才打消了向他学习的念头，并开始走一条属于自己的无线电之路，于是就发明了手机。如果当时他没有拒绝我，即使我们两个人联手研究，也不一定会发明出手机。"

我们每个人都在努力进取，所以有时候难免会被他人拒绝。当我们被拒绝的时候，很容易沮丧，并认为自己是一个失败者。所以许多人都害怕被拒绝，其实我们真正畏惧的是那种被拒绝后的感受，也就是沮丧和失落的情绪。

当一个人面对自己想要追求的东西时，就应该无所顾忌地去努力争取，而不是因为害怕被拒绝就放弃努力。如果主动放弃了尝试的努力，那么你永远也不会得到自己想要的东西。所以面对他人的拒绝时，我们首先要做的并不是自怨自艾和沮丧，而是坦然面对拒绝，然后开始新的行动。

被拒绝是一种痛苦的经历和感受，但是人们并不容易忘记这种感受，反而会在沮丧之中一遍遍地回忆被拒绝的情景，从而陷入自责中，永远也放不下这种痛苦，并认为这就是命运的安排，自己无能为力。这样一来，一次简单的人生经历就上升为一场灾难，因为你很可能因此永远深陷在沮丧和绝望之中，一蹶不振，再难有所作为。

所以，在面对他人的拒绝时，不应该给自己品尝沮丧滋味的机会，继续努力奋斗，你总会取得成功。当你获得成功的时候，沮丧就远远地离你而去了。

被拒绝的感受虽然不好，但是也不全是坏事，最起码给了你一个重新思考自己的机会。所以在面对拒绝的时候，你需要确定一下自身是否有需要改进的地方。如果是你自身的原因，你就需要继续努力完善自我，为自己争取下一次机会。

## 挨了批评不要沮丧——批评是更加宝贵的奖励

1981 年，美国影视界设立了一个新的奖项——“金酸梅电影奖”。虽然这个奖项被称为“电影奖”，但是实际上是一种惩罚。因为“金酸梅电影奖”是专门与“奥斯卡金像奖”相对立的。“金酸梅电影奖”

是为专门评选最差影片、最差导演、最差演员等所设立的奖项。

“金酸梅电影奖”从成立以来，从来没有一个演员和导演来领过奖，毕竟这个奖项不同于“奥斯卡金像奖”，象征着一种荣誉。“金酸梅电影奖”对每个演员和导演来说都是一个污点，没有人会来颁奖现场自取其辱。

但是，2005年的“金酸梅电影奖”颁奖现场却出现了划时代的一幕，因为真的有一个演员来领奖了，她的名字叫哈莉·贝瑞。

2005年2月26日，“金酸梅电影奖”颁奖仪式在好莱坞中区的一个只能容下三百人的小剧场中拉开了帷幕。而这一天也是“奥斯卡金像奖”揭幕的前一晚。这两者正好形成了鲜明的对比，一个门庭若市，一个门可罗雀。

“金酸梅电影奖”颁奖现场的所有人认为，今年应该和往年一样，没有一个获奖演员和导演会来领奖。但不论怎么说，该走的过场也是要按照规定进行的。于是，颁奖仪式开始后，主持人就开始宣布获奖名单，而且主持人的语气也不严肃，具有一丝调侃的意味：“现在，有请电影《猫女》的主角扮演者哈莉·贝瑞上台领奖，她是本届最差女主角的获奖者！”

主持人刚刚说完，台下的观众就爆发出了一阵哄笑，主持人也调侃着说：“或许只有傻瓜才会来领奖，这需要一个人具有非凡的勇气。”

但是戏剧性的一幕出现了，获奖者哈莉·贝瑞来了，而且她的着装非常美丽和正式，就好像她获得了“奥斯卡金像奖”的最佳女主角一样。

哈莉·贝瑞出现的那一刻，那种肆无忌惮的哄笑声突然停止了，所有人的目光都集中在了她的身上。哈莉·贝瑞的表现十分得体，她一边走着，一边对台下的观众微笑，还挥手致意。面对这个意外，所有人的大脑都短路了。直到哈莉·贝瑞已经到领奖台前的时候，观众才恍然大悟，随之而来的是雷鸣般的掌声。这次的掌声丝毫没有嘲笑的意味，而是对哈莉·贝瑞那非凡勇气的赞扬。掌声足足持续了十分钟才停止。

掌声结束后，哈莉·贝瑞向台下的观众深深地鞠了一躬。这时哈莉·贝瑞已经满含泪光："虽然我曾经站在'奥斯卡金像奖'的颁奖台上，但是我从来没有想到过我会登上'金酸梅电影奖'的颁奖台。当我得知自己获得了最差女主角奖项的时候，我当然想放弃领取它。但是，小时候妈妈告诉我：'如果你不能做一个好的失败者，那么你永远也无法获得成功。'所以，我站在了这里。非常感谢各位评委和现场的观众，这次的经历将是我人生中不可多得的宝贵财富。"说完后，哈莉·贝瑞就微笑着走了下来，随之而来的是再一次雷鸣般的掌声。

很少有人可以正确、冷静地面对批评。有的人会选择逃避，这些人往往缺乏信心，而且极容易因为外界的批评而沮丧失落，一蹶不振；有的人会用愤怒的态度去对待外界的批评，这也是一种不自信的表现，其实他正处于沮丧的情绪中，并害怕批评给自己带来的不良感受，只是表达的方式不一样而已。

当我们面对批评的时候，应该想到这对自己来说是一个机会，一个让自己进步的机会。因为我们可以从批评中学到很多经验，以完善自身，更好地迎接挑战。他人的批评可以帮助我们获得成长。当然前提条件是，你没有因为批评而深陷沮丧的情绪和自我否定的想法之中。

## 遇到挫折不要沮丧——在挫折中变得更加强大

米切尔是一位著名的企业家和公众演说家，在政坛上也有一席之地。但是他的人生并没有表面上看起来这么顺利，因为两次意外事故给了他致命的打击。

第一次意外事故时，他身体上65%以上的皮肤都被烧坏了，而且他还失去了十个手指，双腿也失去了行走的能力。但是米切尔并没有被这次意外事故打败，他很快从沮丧和绝望中振作起来，六个月后他竟然亲自驾驶着飞机飞上了蓝天。

但是厄运并没有放过米切尔，四年之后他又出现了一次意外，这次他的腰部以下彻底瘫痪了。但是他依然乐观地生活着，这些打击都没有击败他。

米切尔说："虽然命运对我是如此不公，但是我依然不愿意把命运当成我放弃努力，在沮丧中度过自己下半生的借口。"

提到挫折，人们首先想到的就是失败后沮丧的情绪和彻底的绝望。但是挫折对我们来说并不一定就是坏事，我们会因为挫折而变得越来越强大。所以在面对挫折的时候，我们应该更加努力地去改变现状，因为只有你努力去克服困难时，你才没有工夫品尝和回味失望与沮丧的苦酒。

当你因为挫折而变得越来越强大时，你就不会轻易被沮丧情绪干扰。因为当你面对挫折的时候，最先感受到的不是沮丧情绪，而是去努力克服面前障碍的想法。

## 第九章

# 成功者自酿的毒酒——心理学教你如何避免得意

“捧杀”是一种非常高明的手段，能杀人于无形之中。当一个人面对他人的赞美或者纵容的时候，往往很难自持，很容易扬扬得意起来。一个人一旦得意忘形，就会有一种唯我独尊的心理，认为自己是最优秀的。在这种情况下，很容易做出一些出格的行为，给自己带来严重的后果和危害。

## 自我膨胀、得意忘形——成功的副产品

有不少人在获得成功之后，马上就跌到了人生的谷底。这种巨大的反差往往是由得意忘形而引起的。因为当一个人取得辉煌的成就时，常常会滋生一种骄傲自大的心理。一个人如果得意忘形，那么就会出现许多错误，这些错误很可能会把一个人从人生的巅峰拉到低谷。

得意忘形却是一种很难被抵制的心理，人们往往不愿意放弃体验这种快乐的感觉。但是，也有人会在面临成功的时候，依然保持着冷静的头脑，那是因为他们考虑到了后果，如果自己得意忘形的话，那么很可能会面临失败的结局。

弗朗西斯·培根说过："一切幸福并不是没有烦恼，而一切绝境并非没有希望。顺境时，节制就是人们的美德；逆境时，坚忍就是人们的美德。"在培根看来，坚忍的美德比节制的美德更重要，更值得欣赏。

一个人在逆境中做到坚忍不拔还相对容易，但在顺境之中有所节制并不是所有人都能做到的。有许多人在取得辉煌成就的时候，马上就扬扬得意起来，被眼前的胜利冲昏了头脑。这个时候，人生道路往往很容易发生大逆转，从人生的高峰一下子跌落到深渊。有的人可以重新开始，也有不少人则永远爬不起来了。

## 不自觉的得意忘形——成功者的毒药

在一望无际的沙漠中，有一匹骏马和一头骆驼，它们相约而行，最终的目标就是走出沙漠，寻找到水源和草原。骏马的速度比骆驼要快，于是它就抛弃了骆驼，独自向前飞奔而去，因为它认为只要自己尽快走出沙漠，就一定会获救。但是骆驼依旧保持着原来的速度，不紧不慢地继续前进。骏马看到同伴如此不济，就得意地嘲笑道："嗨，老兄，你真是白长了这么大的块头儿，走得这么慢，照你这种速度，什么时候才能走出这片沙漠？"

面对骏马的嘲讽，骆驼没有言语，依旧保持着原来的前进速度。骏马自讨没趣，就加快了速度，独自向前跑去。可是没过多久，骏马的体力就支撑不住了，它开始感觉到疲劳，最要命的是它感到很口渴，需要喝水，但是在这一望无际的沙漠中，连个水的影子都没有。还好骏马看到了杂草，骏马本以为杂草中会有些水分，但是这些杂草不仅十分苦涩，而且几乎没什么水分，和枯草没有区别。最后，体力不支的骏马死在了沙漠之中。

而那头缓慢前进的骆驼却走出了沙漠，并成功寻找到了水源和绿洲，并幸福地生活在水草丰富的大草原之中。

在这个故事中，最终走出沙漠的不是有闪电般速度的骏马，而是缓慢行走的骆驼。一个人如果有过人的才华，那么他就很容易陷入得意和自负之中，会认为自己完全可以独当一面，不把团队的其他成员放在眼里，最终导致失败。

人是群居和社会型动物，所以一个人不论实力有多么强，都比不上一个合作良好的团队的力量。在一个企业中，讲究的往往是团队成员之间的合作。如果一个能力非常强的人总是以得意忘形的姿态出现在众人的面前，那么就会破坏合作。最终，管理者不得不解雇所谓的高才生。所以，如果一个高才生不摒弃得意、以自我为中心的姿态的话，总有一天会被整个社会和时代发展的趋势淘汰。

2006年，英国伦敦的一家销售公司聘请了大名鼎鼎的牛津大学的高才生为部门经理。在面试的时候，这个高才生就显露出了他那出众的才华。上任后不久，这个高才生针对公司的现状制订了一套出色且内容详细的改革计划。

但是不久之后，这个高才生就被解雇了。不是因为他不具备部门经理的能力，也不是因为他犯下了不可饶恕的罪过，恰恰是因为他那过人的能力和才华。他把在牛津大学的优越感带入了工作之中，他不仅得意扬扬，而且很自负，经常出现不顾董事会的决定而自作主张的情况。最后，董事会一致决定辞退这个高才生。

从许多事例中我们可以发现，人生中最危险的不是落魄时的失意，而是顺境中的得意。许多人熬过了人生中最沮丧的时期，但是却很难抵挡住因为成功而产生的得意情绪。如果说，失意会击败所有平庸的人，那么得意所击垮的都是一些响当当的英雄人物。那些英雄人物可以在逆境中不放弃努力，顽强拼搏，但是却很难在功成名就之际不得意，最后失去冷静的头脑，犯下致命的错误。许多成功人士都折在了得意手中。

所以一个人越是成功，就越应该提醒自己不要得意，因为得意的结果往往会使一个人头脑发热，并使目前的成功化为泡影。

## 有一种方式叫“捧杀”——得意者的陷阱

有时候，得意会成为你致命的弱点，很容易被竞争对手利用。有人会利用人们得意的心理，运用各种手段制造让这个人产生优越感的氛围，如夸大这个人的优点，或是把这个人的缺点说成优点，然后这个人就会出现飘飘然的得意情绪，认为自己很优秀，开始胡作非为、肆无忌惮，而竞争对手就会利用这个人的不良行为把他击败。这种方式被称为“捧杀”，实际上就是利用人的得意心理。

春秋时代，郑武公娶申国国君的女儿武姜为妻。后来，武姜为郑武公生了两个儿子，长子就是后来的郑庄公，小儿子就是共叔段。据说，由于武姜在生郑庄公的时候难产，所以非常不喜欢他，但是却十分喜爱小儿子。

郑武公在世的时候，武姜有好几次都建议让共叔段成为将来的王位继承人，但是郑武公都没有同意。在郑武公去世之后，郑庄公即位。

由于武姜十分疼爱小儿子，于是就要求郑庄公分封给共叔段一座很大的城池，叫作京邑。最终郑庄公答应了武姜的这个要求，但是却遭到了不少人的反对，因为武姜的这个要求很过分，已经违背了国家的制度。

大夫祭仲对郑庄公说：“分封的城邑的面积如果超过了三百方丈长，那么将来一定会危害您的统治。先王的制度规定，国内最大的城邑绝对不能超过都城的三分之一，中等的城邑绝对不能超过都城的五分之一，小型的城邑绝对不能超过国都九分之一。而您给共叔段的这座城邑已经超过了最大的限度，不合法度。如果您纵容下去，将来您就会失去对共叔段的控制权。”

郑庄公用无奈的语气说道：“我的母亲执意如此，我又有什么办法呢？”大夫祭仲说道：“姜氏永远也不会满足！如果您不及早处理这种情况，那么祸患就会滋生蔓延，最后会变得一发不可收拾。”郑庄公说了一句意味深长的话：“做多了不义的事情，一定会走上灭亡之路。你只需要静静等待就可以了。”

不出所料，共叔段果然变得无法无天起来，开始吞并郑国的一些城邑扩大自己的领土，俨然成了一个国中国，极大地威胁到了郑庄公的统治地位。共叔段从小就受到母亲武姜的疼爱，而且一直认为自己比哥哥更适合统治郑国。在郑庄公给了自己一块儿非常大的城邑之后，就变得更加得意起来，认为郑庄公不过是一个没用的摆设而已，将来有一天自己一定能取而代之。但是他不知道的是，他根本不是哥哥的对手，他不过是一个跳梁小丑而已。

这时，郑庄公统治集团内部也有不少人提出了异议，公子吕甚至对郑庄公说："一山不容二虎，一个国家不可能同时被两个国君统治，接下来您准备怎么办？如果您准备把郑国交给共叔段统治，那么我就请求去共叔段那里效力。如果您依然想统治郑国，那么就铲除共叔段，不要让百姓继续疑虑下去。"

其实，郑庄公也很想了结这个不把自己放在眼里的共叔段，但是碍于共叔段是自己亲弟弟的身份，再加上母亲武姜的阻碍，郑庄公还不能铲除共叔段，因为时机未到。郑庄公说道："不用管他，他自己会遭受灾祸的。"其实，郑庄公的言外之意就是等待时机，找到一个适当的理由。欲使其灭亡，必先令其疯狂。

郑庄公这种置之不理的态度，让共叔段更加得意起来，他认为哥哥一定是畏惧自己的力量，根本就是一个不堪一击的草包。于是，共叔段变得更加肆无忌惮，开始不断地扩大自己的领土。

面对这种情况，子封就建议郑庄公："可以行动了！不然共叔段继续扩大土地，他会得到越来越多的百姓和土地，到时候解决起来就会更加棘手。"郑庄公说："共叔段对君主不忠诚，对兄长不仁义，就算得到了更多的领地和百姓，最终也不会有人支持他，只能自取灭亡。"

郑庄公等到共叔段置备了粮草和兵器准备造反的时候，才出兵征讨共叔段，并一举歼灭共叔段的势力，巩固了自己的统治权。

捧杀是一种非常高明的手段，能杀人于无形之中。当一个人面对他人的赞美或者纵容的时候，往往很难自持，很容易扬扬得意起来。一个人一旦得意忘形，就会有一种唯我独尊的心理，认为自己是最优秀的。在这种情况下，很容易做出一些出格的行为，给自己带来严重的后果和危害。

共叔段之所以会输给郑庄公，并不是因为郑庄公的“捧杀”手段有多高明，只是因为共叔段自己不懂得控制得意的情绪，为所欲为而已。所以，与其说共叔段败给了郑庄公，倒不如说共叔段败给了自己得意忘形的心理。

有这样一则我们所熟知的寓言故事，也充分说明了“捧杀”的威力和得意忘形所带来的严重后果。这则寓言故事的主角是乌鸦和狐狸。

有一只乌鸦，它不知从哪里找来一块儿肉，乌鸦很高兴地叼在嘴里，准备飞回家好好美餐一顿。乌鸦飞累了，就停留在一棵树上休息，却被一只狐狸看见了。狐狸很想得到乌鸦嘴里的肉，但是它没有翅膀，根本不可能去抢。于是，狡猾的狐狸就开始想各种办法，不一会儿它就想到了一个不错的办法。

狐狸很虔诚地蹲在地上，对树上的乌鸦说：“亲爱的乌鸦小姐，您真是太漂亮了，我从来没有见过像您这样美丽的鸟。我听许多动物说，您的歌声也十分悦耳动听，我早就想听了，但是一直没有机会，您能满足一下我卑微的愿望吗？”

狐狸用它那狡猾的头脑欺骗了森林中的许多动物，早就臭名远扬。而乌鸦也早就听说过狐狸的臭名，所以一开始就对狐狸保持着高度的警惕。但是，狐狸的赞美之言已经让乌鸦丧失了理性，乌鸦似乎忘记了自己根本就是一副破锣嗓子，并开始相信自己拥有动听的歌喉。

于是，乌鸦就答应了狐狸的要求，准备为狐狸高歌一曲。可是，当乌鸦一张开嘴，那块儿让狐狸垂涎欲滴的肥美的肉就掉了下来。树下的狐狸一直在等待着这个时机，马上纵身一跃，接住了肥肉。

很多人都喜欢得到别人的赞美，我们的自信心往往是从他人的赞美中获得的，但是我们的得意之情也是从赞美之中滋生的。所以，为了防止得意情绪带来的严重后果，我们一定要养成淡定从容的心态。

这种坦然的心态除了可以帮助我们抵制得意的情绪之外，还可以帮助我们正确地面对失败。因为当一个人养成淡定的心态后，就可以坦然面对人生的得失和成败了。

# 别把赞美变成毁灭——赞美要有“度”

美国心理学家罗伯·罗森塔尔在1968年曾经提出了一个理论，认为赞美会激发人的潜质，人们把这种现象称为“罗森塔尔效应”。在对孩子进行教育的时候，许多人都赞同用表扬的方式，因为这样可以培养一个孩子的自信心，让孩子朝着更好的方向发展。

但是需要注意的是，这种赞美的教育方式一样要保持一个合理的尺度。如果赞美过头了，孩子很容易陷入得意忘形之中，认为自己是最优秀的，根本不用继续努力了。这样，这种赞美的教育方式无形之中就变成了一种“捧杀”。

王安石写过一篇名叫《伤仲永》的文章，这篇文章中讲述了一个天才儿童被捧杀为庸才的例子。在江西金溪有一个叫方仲永的人，家里世世代代靠种田为生。在方仲永五岁的时候，他突然向父亲索要纸笔之类的学习工具。由于家里没有读书人，父亲就向邻居借来了纸笔。

拿到纸笔的方仲永就写下了四句诗，还署上了自己的姓名。这首诗写得还不错，以赡养父母和团结同宗族的人为主题，受到了全乡秀才的欣赏。要知道，这时方仲永不过五岁，而且完全是无师自通。因为之前根本没有人专门培养过方仲永识字、写字，甚至作诗的本领。

一时间，这个神童方仲永就成了全乡的名人。有不少秀才都会找方仲永作诗。方仲永不仅能马上赋诗一首，而且诗句的文采和主题都不错，总有可以欣赏的地方。

因为神童儿子，方仲永的父亲也得到了大家的尊重。有的人还会花钱请方仲永来参加聚会，当场作诗。方仲永的父亲认为这样有利可图，于是就带着儿子到处给人作诗，然后收取金钱。而方仲永自身也被周围的赞扬冲昏了头脑，扬扬得意起来，认为自己就是一个天才，非常优秀，根本不用努力读书学习。于是，方仲永也没有向父亲提出继续读书的要求，在方仲永看来，那对自己毫无用处。

方仲永渐渐长大了，请他作诗的人越来越少。因为方仲永的诗句并没有进步，如果说一个五岁孩童作出一首没有水平的打油诗是新奇，那么一个三十多岁的成年人作出一首没有水平的打油诗就是笑话了。于是，这个曾经的天才儿童就被这种赞美和自己的得意扼杀了，成了一个毫无特色的平庸之人。

当然，造成这种结果并不是方仲永的错，因为那个时候他才五岁。所以，在教育孩子的时候，赞扬固然是必要的，没有得到赞美的孩子很容易自卑，但是被过度赞美的孩子也容易被得意扼杀天赋。

## 顺境中更要淡定——别被胜利冲昏头脑

韩信的出身并不高，而且落魄的时候连吃饭都成问题，周围许多人都看不起这个衣衫褴褛、无所事事的年轻人。有一天，韩信走在街上，被一个泼皮无赖缠上了。

那个泼皮无赖虽然不是什么达官贵人，但是也十分看不起韩信。他在大街上当着许多人的面嘲笑韩信："你这个人虽然看起来高大魁梧，而且还带着一把剑。实际上你就是一个草包，一个胆小鬼。"韩信受不了这样的侮辱，就辩解说自己不是胆小鬼和草包。

那个无赖看到这个落魄的年轻人居然敢顶嘴，一下子来了兴趣："你想要证明自己不是胆小鬼和草包，就用你身上的剑砍我两下试试。如果你不敢砍我，就必须从我的胯下钻过去，并且承认自己是个胆小鬼和草包，这样我就放过你。"

这时韩信才意识到自己得罪了不该得罪的人，为了息事宁人，韩信就答应从无赖的胯下钻过，而且承认自己是胆小鬼和草包。

当时围观的人很多，但是韩信都没有在意，很平静地从无赖的胯下钻过，然后拍拍自己身上的灰尘就走了。当时所有人都在嘲笑韩信，但是韩信表现得毫不在意。后来这件事情被记入了史册，后人往往会用"胯下之辱"来鼓励人们一定要学会忍耐，因为只有忍常人所不能忍，才有可能像韩信那样成就一番事业。

后来，由于许多人都忍受不了秦朝的暴政，纷纷起义。全国各地战火四起，韩信认识到自己的机遇到来了。起初，韩信去投奔项羽，但是由于项羽这个人很高傲，看不上这个一无所有的年轻人，韩信并没有得到项羽的重用。

为了施展自己的才华，韩信决定去投奔刘邦。同样刘邦也没有重用韩信，失望之下，韩信再次决定离开。但是，刘邦的得力手下之一萧何却很欣赏韩信的才能，于是就连夜追赶韩信，希望能为刘邦留住这个难得的人才。

在萧何的推荐之下，韩信得到了刘邦的重用。在楚汉之争期间，韩信凭借他那过人的军事才能屡立战功。后来韩信的官越做越大，最后被封为楚王。

韩信一步步地着手书写了自己传奇的一生。但在帮助刘邦打败项羽之后，韩信开始变得目中无人、居功自傲。

有一次，韩信在和刘邦谈论众人的才能时，刘邦随口问一句："你觉得如果我带兵打仗的话，可以带多少兵？"韩信的回答很实在："带领十万士兵已经是你的极限了。"刘邦其实也没多想，他并不适合带兵打仗，这点儿自知之明刘邦还是有的。但是刘邦不知怎么又问了一句："那你适合带多少士兵打仗呢？"韩信自信地回答道："越多越好。"

刘邦虽然不是什么小心眼的人，但是对韩信统率军队的才能还是有所畏惧的。韩信还回答得如此轻松，这难免让刘邦心存芥蒂，这也为韩信带来了最终的杀身之祸。而韩信却在临死之前都不知道害死自己的真正原因是什么。

韩信的一生颇具传奇色彩，虽然出身卑微，却颇具军事才能，帮助刘邦夺取天下。但是最后却死于非命，落得个身败名裂的悲惨下场。真正改变韩信命运，又害死韩信的正是他的军事才能。

因为军事才能，韩信才得到了萧何的赏识，并推荐给了刘邦。因为军事才能，韩信在作战中总是立下奇功，并得到了刘邦的赏识。因为军事才能，韩信才从一个无名小卒爬上了诸侯王的尊贵地位。也是因为军事才能，韩信才开始扬扬得意起来，于是变得目中无人。最终他的这种得意引起了刘邦的顾虑，于是在刘邦的示意下，吕雉出面除掉了将来可能会威胁到刘家统治地位的韩信。

韩信早年不得意的时候，做到了坦然，这点从蒙受胯下之辱的事情中就可以看出来。但是成功后的他却难以做到冷静和淡定，最后身败名裂。

一个人在面对挫折和失意的时候，很容易丧失意志力，被现实生活击败。但是也有不少人会在逆境中勇往直前，努力地磨炼自己，寻找机会赢得成功。却很少有人可以做到在人生得意的时候，保持一种从容的心态。如果说逆境考验的是一个人的意志力的话，那么顺境考验的就是一个人的定力，一种不被喜悦冲昏头脑的定力。只有这样，人们才会在成功的道路上走得越来越顺利、越来越远。

# 第十章

# 哄哄你的“心”——心理学教你如何调节情绪

虽然我们已经长大，但我们的心还像一个容易受伤的孩子，时不时需要哄哄它，告诉它：一切都好！

## 你有自己的出气室吗——适度压抑与合理宣泄

日本松下电器公司旗下有许多企业，这些企业的管理制度有很多出入，但是它们之间却有一个共同的特点，那就是都开设了一个“精神健康室”。这个“精神健康室”就是专门针对员工的精神健康问题的，是员工情绪发泄的好地方。所以在私下里，员工们都称“精神健康室”为“出气室”。

当哪个员工心情不好的时候，就会去“精神健康室”发泄自己的不满情绪，从“精神健康室”出来之后，这些员工的心情就会变好。

这个“精神健康室”的设计也很有特点。一个心情不好的人进入“精神健康室”后，会看到一排排非常搞笑的自己，这是由哈哈镜投射出来的。当一个人站到哈哈镜面前的时候，自己的形象就会被扭曲，变成一个十分搞笑的形象，人们看到这个形象的时候，往往都会忍不住哈哈大笑。这样一来，员工们那些不好的情绪就会被爽朗的笑声带走一些。

如果有人依然认为自己的坏心情没有得到改善的话，那么他还可以继续往前走。因为哈哈镜的后面是几个代表经理和老板的橡皮塑像。松下电器公司的管理阶层已经想到，员工们的坏心情一般都来源于日常工作，所以他们才特意为员工们准备了领导们的塑像。员工们可以拿起旁边准备好的棍子，任意殴打这些橡皮塑像，直到已经解气。这个时候，员工们的坏心情又可以得到部分缓解。

如果有人仍然觉得自己的心情不好的话，还可以继续往前走，因为公司还专门为员工们准备了恳谈室。恳谈室是“精神健康室”的重要组成部分，因为在这里有笑容满面的工作人员，这些脾气很好的二作人员会为员工们解答各种问题。

工作人员会帮助员工们解决困难，还会给予一些合理的建议。而且，员工们还可以针对工作中的问题向工作人员提出自己的建议，这些建议工作人员会转达给管理阶层。公司的管理阶层会认真思考员工们的建议是否合理，如果有幸得到了管理阶层的认可，员工还会得到相应的奖励。

这一系列的措施几乎可以使所有的员工战胜自己的坏情绪，以更好的状态投入工作和生活中。正是因为“精神健康室”的存在，员工们对松下公司的抱怨和不满就少了许多，在工作中都可以保持良好的状态。

生活中总是会出现许多不如意的事情，人们往往很容易被这些不如意所刺激，产生一些负面的情绪，这是很多人都无法摆脱的。负面的情绪就会带来负面的影响，所以我们应该学会合理地管理自己的情绪。

因为负面情绪往往会造成严重的后果，所以许多人都会选择压抑自己的情绪。这自然也是一个办法，但是并不是最好的办法。被压抑的情绪会积累，当积累到一定程度的时候，是需要宣泄出来的。

那些意志力比较强的人，往往会选择用意志力去控制负面情绪，在自己情绪不好的时候依然压抑，去强颜欢笑。或许有人认为，这样做也不错，除了说明这个人的意志力强之外，还能缓解一些焦虑和痛苦。但是这只是表面上的，实际上负面情绪给你带来的心理伤害依然存在。

如果说意志力是属于人的理智的话，那么情绪就应该属于人的感性问题。有时候，人往往会在感情面前败下阵来。因为内在的情绪反应往往是无法人为地靠理智去控制的，过度的压抑只会越来越严重地威胁到你的心理健康。

这种被过分压抑的负面情绪就好像你为自己埋下了一颗定时炸弹，随时有爆发的危险。在心理学上，宣泄被认为是最好的处理负面情绪的方式之一，只要人们把负面的情绪以合理有效的方式宣泄出来，就会好很多。

虽然过分压抑负面情绪并不值得提倡，但是这并不能说明，当一个人遇到负面情绪时就要不计后果地发泄。这样一来，虽然没有给自己留下定时炸弹的隐患，但是依然会带来严重的后果，因为你已经引爆了炸弹。

所以当你被负面情绪困扰的时候，不妨先利用强大的意志力去压抑。因为你所面临的场合或许并不适合你发泄自己的情绪。但是这种压抑并不是一劳永逸的，你需要给自己找一个合适的时间和地点去发泄负面情绪。尽情地发泄后，你就会觉得舒坦多了。

合理发泄的方式有很多，但是必须要保证在不伤害到自己和他人的前提下。可以是任意的喊叫、哭泣，也可以是摔东西，只要你觉得这些能让你的情绪得到缓解。

虽然这样的方式看起来有些失常，而且那些发泄的人看上去都像疯子一样，但是却能得到不错的效果。

因为当一个人进行情绪发泄的时候，往往会把自己的情绪发挥到极致，这样一来负面情绪往往就被转移到外界了，也就不会再被负面情绪干扰。

## 美美地睡上一觉——让坏情绪消失在梦乡

当一个人非常疲惫的时候，往往很难控制自己的情绪，容易变得暴躁。其实，这种疲劳战往往也会被商家利用。商家为了促进商品销售，往往会准备一些打折促销的活动，这只是一种手段，其目的还是为了盈利。或许有人注意过，商家的打折促销活动通常会在傍晚时分进行，而且总会收到不错的效果。

那是因为傍晚时分的人们一般比较疲劳，在购买商品的时候不会考虑太多，只会想到商品价格便宜这个好处，很容易掏钱。

一个人的负面情绪和身体上的疲劳有很大关系。所以，放松就成了一个有效的情绪调节方式，睡觉就是一个不错的办法。当你感到不开心的时候，可以试着放松自己，然后睡上一觉。当你醒来的时候，会有一种恍如隔世的感觉，之前的烦恼也消失不见了。

睡眠不仅能调整一个人的身心失衡状态，还能使一个人的身体和心理都得到极大的放松。美国教授威廉·德门特说过：“睡眠是抵御疾病的第一道防线。”睡眠不仅可以让人的精神状态变好，还能提高一个人的免疫力。

有关调查发现，如果一个人经常凌晨三点以前起床，那么他身体的免疫力就会变低很多，身体的各个器官组织的康复能力也会下降。

睡眠虽然具有良好的放松效果，但这并不意味着睡眠会解决所有的问题。因为如果一个人无法保证自己的睡眠质量的话，那么不论他睡了多长时间，还是无法摆脱疲劳，得到真正的放松。所以，我们必须保证自己的睡眠质量。

睡眠有利于放松，而睡觉之前的人为放松同样也有助于人们更好地进入睡眠。如果你感到自己无法尽快入睡，可以在睡觉之前洗一个热水澡。人们在洗完热水澡之后，整个人会感到十分轻松和舒适。这个时候，人们往往很容易进入睡眠的状态，而且睡眠的质量不错。

你还可以在睡觉之前做一个放松训练，让自己完全放松下来，然后再睡觉，这样自然而然就睡着了，而且睡眠的质量也很高。

你需要在准备睡觉之前的二十分钟，让自己的内心平静下来，然后不断地告诉自己要放松，进行几个深呼吸。在深呼吸的过程中也要不断地告诉自己要放松。然后，你就可以恢复正常的呼吸。

接下来，你就可以选择你认为最舒服的姿势躺下。然后继续进行深呼吸，每深呼吸一次，就告诉自己，身体的某一个部位正在完全放松。例如，我的头部放松了，我的手臂放松了，等等。你的全身都会随着深呼吸的进行而得到放松，也就会自然而然地进入睡眠状态。

## 身体放松，心情轻松——放松你的身体

人的情绪与生理状态有着十分密切的联系，如果一个人的身体总是处于疲惫的状态，那么这个人的情绪也好不到哪里去。睡眠是一个放松身体和精神的不错方法，但是在日常生活中，我们也需要其他的放松身体的方式，进而改善自己的情绪。

睡眠是一种长时间的放松方式，在日常工作和学习中并不适用，这就需要我们掌握一些短时间内可以放松身体的方式。因为身体的放松不仅可以改善你的情绪，还会使你更好地投入工作和学习中，而且效率也会更高。

1. 改变你的姿势。一个人如果总是保持一个姿势，用不了多长时间身体就会僵硬，而且还会有疲劳感，做起事情来效率也会很低。

例如，如果我们让一个人端起一杯水，这是举手之劳，没有任何人会觉得这是一件不可能完成的困难的事情。但是如果让一个人端着一杯水，保持一个小时或是更久呢？这就成了一件十分困难的事情，尽管一杯水的重量很轻，但是长时间保持这个动作，人的肌

肉就会僵硬和麻木，很难坚持下来。不过，如果中间有休息的时间，这个要求就很容易达到，因为休息的时间可以使僵硬的肌肉得到放松和缓解，让人可以更好地投入接下来继续端水的任务中。

这就正如我们在日常生活中的工作和学习。人毕竟不是机器，不能总是长时间地工作和学习，否则只会收到事倍功半的效果，而且人的情绪也会因为身体的疲劳变得十分暴躁和难以控制，若一个人带着坏的情绪，就更加不适合进行工作和学习。

所以，我们需要进行简单的身体放松，例如，每隔十几分钟就活动一下四肢，扭动一下脖子，等等。这样的动作看起来再简单不过，但是却有不错的效果。不仅可以缓解你僵硬和紧绷的身体，而且你的脑部神经也会摆脱紧绷的状态，你的情绪也会得到不错的放松。

2. 养成午休的习惯。午休不同于正常的睡眠，并不需要你进入很深的睡眠状态，哪怕只是眯一会儿或是打个盹儿，都是不错的。

午休所耗费的时间并不长，但是却能起到不错的效果，不仅可以保证一个人下午的精神状态，就连晚上的精神状态也会因为这短暂的十五分钟的午休而变得精神抖擞。

有人或许很难在短时间内睡着，这也无所谓。你只需要在中午吃过午饭后，闭上眼睛，让自己的呼吸保持在十分平稳的状态就可以。即使你并没有睡着，你的身体和精神状态也得到了放松。

3. 学会调整自己的呼吸。深呼吸往往是人们克服某些负面情绪常常会采用的方式。深呼吸是用力吸气，然后缓慢地吐气，这个过程很短暂，也很简单。如果一个人被愤怒和恐惧的负面情绪困扰，不妨使用深呼吸的方式，你的情绪可以随着深呼吸的进行而平静下来。

此外需要注意的是，在进行深呼吸的时候，如果感觉到身体某个部位有疼痛的感觉，你就需要注意那个疼痛的部位，最好进行一下身体检查，看看是不是那个疼痛的部位有疾病。如果你在用力吸气的时候，感觉全身都很酸痛，那就说明你的身体已经处于十分疲惫的状态，你可能需要进行一次全面的身体放松。

4. 如果有条件的话，你可以选择舒适的平躺的方式来进行身体放松，只需要几分钟的时间，你的身体就会得到不错的放松。在平躺的时候，还可以尽情地伸个懒腰，也会得到很好的休息。

这些身体放松的方式只适合于日常工作和学习中。如果有假期的话，还可以利用这段时间多去进行一些户外活动，如登山。

虽然户外活动都是有一定强度的运动，但是一个人在户外运动完之后，全身就会有一种轻松自在的舒适感，而且心情也会变好。这样一来，由日常工作和学习造成的情绪紧张也会随之得到缓和。

## 大脑放松，精神饱满——放松你的大脑

斯坦福大学曾经进行过一次实验，实验的结果表明，如果动物长期处于巨大的压力下，动物的海马记忆学习中枢就会出现萎缩的

情况。这个实验结果说明，动物的大脑是不能长时间处在压力状态下的，需要进行有规律的放松。

心理学教授所罗门认为，在巨大的压力下人们往往无法集中注意力，而且长期处于压力之下还会使一个人的记忆能力降低，对大脑产生损伤。

虽然现代人的物质生活质量得到了提高，但是随之而来的还有巨大的压力。一个人之所以会感觉到有压力，那是因为和他人存在竞争关系。

有不少人都很享受竞争所带来的乐趣，因为竞争会带来无限的动力，这个世界上没有竞争的话，会变得十分无趣。没错，适当的竞争和压力的确会给人以积极的影响，因为它会给人带来一种紧张感。

这种紧张感会让一个人提高自己的警惕性，这种警惕性往往会让人们赢得竞争，于是会产生一种美好的感觉。但是这种紧张感只能是暂时的，如果一个人长期处在紧张状态中，这个人的身心状态就会变得很糟糕。

有一个心理学实验就是专门针对这种现象的。心理学家把两只生理状况基本相似的羊分别放在不同的环境中，然后观察这两只羊的健康状况。

其中一只羊被关进一个没有任何威胁的笼子里，另一只羊却被关进了一个距离狼很近的笼子里，但是狼并不能威胁到这只羊的生命。而实验人员给这两只羊所喂的食物都是一样的。

过了一段时间后，实验人员观察到这两只羊的健康状况出现了明显的差异。那只没有被狼威胁的羊，不仅长得十分健壮，而且似乎生活得十分幸福。但是另一只羊的体格就瘦小多了，因为它每天都要面对那只会威胁到自己的狼。

这个心理学实验充分说明了，不管是人还是动物，都不能长期生活在紧张和充满压力的环境中。因为这种无时无刻不存在的威胁和竞争，会让一个人的大脑得不到休息，永远处于一种紧绷的状态，而这个人的身体和心理健康状况自然好不到哪里去。

一个人如果长期处于高度紧张和巨大的压力之中，那么他的正常思维和行为都会受到影响。而一个人的大脑如果一直处在高速运转的状态下，那么大脑就会出现过度疲劳的情况，大脑的血流量就会急剧增加，这个人会有一种头疼的感觉，这会直接影响一个人的情绪、工作和学习。

如果一个年轻人长期让自己的大脑处于疲惫状态，那么他的情绪就会出现不稳定、易怒、沮丧和抑郁的情况。长此以往，就会出现焦虑症和抑郁症。

如果一个中年人的大脑长期处于疲惫状态，那么这个人的情绪不仅会变得很差，而且他患中风的概率会增加几倍。

大脑的紧绷会让人们感觉到越来越大的压力，大脑也会变得越来越疲惫。疲惫的大脑不仅会使记忆力和注意力下降，而且工作和学习的效率也会随之降低。这样一来，这个人的压力只会越来越大，从而就进入一个恶性的循环之中，而且还会导致抑郁的负面情绪。

为了避免这种恶性循环的出现，我们需要学会给自己的大脑放松。一般说来，可以采用以下几种方式。

1. 坐在一个安静的环境中，然后让自己进入一种内心宁静的状态，尽量使自己的大脑一片空白，也就是放下生活中的那些压力和琐事。然后打开你的想象力，想象着自己来到了一个你最向往的环境中。例如，海滩边，或是草原上，或是有高山流水和鸟语花香的地方，等等。只要是你向往的环境就行。

在想象的过程中，你需要把自己的注意力完全集中于你所想象的场景中。在你的脑海中呈现你所向往的美丽景色，设想自己就身处那样的环境里。

其实，这种想象是催眠师在催眠中经常会用到的，因为这种方式可以让被催眠者很好地进行放松，这种放松是身体和心灵的同时放松。只有被催眠者放松了，才可能在催眠师的指引下，进入催眠的状态。放松，是成功进行催眠必不可少的前提。

这种想象某种美丽场景的方式同时也是人们进行大脑放松的好办法，人们往往可以在这样的想象中让自己疲劳的大脑得到休息。其实在进行想象的时候，还可以适当地听一些悦耳的轻音乐，这会有助于你进行想象。

2. 平时有意识地收集一些搞笑的图片。当你的大脑感到疲劳或是情绪不好的时候，就可以拿出来看看。当你看这些图片的时候，你需要把自己的烦恼暂时放在一边不管，然后你就会被这些搞笑的图片逗得哈哈大笑，这样你的大脑和情绪都会得到放松和缓和。

3. 给自己准备一个独立的空间。人虽然是社会型的动物，但是也需要自己独立的空间。在这个空间中，只有你自己，不会被任何人打扰。你可以在这个只属于自己的空间中做任何自己想做的事情。

例如，你可以在这个安静的空间中发呆，什么也不想，大脑一片空白。在许多人看来，发呆是最没用的，而且还浪费时间。但是，发呆却是一个让大脑放松的不错的方式。不过，发呆往往需要一个独立的、安静的环境，以防止被打断。

## 告诉心“一切都好”——自我暗示

电影《三傻大闹宝莱坞》中，主人公兰彻有一句很经典的台词，“人的心很脆弱，你得学会哄它。告诉自己的心：一切顺利”。其实，这就是一种自我暗示。

海恩是一个癌症患者，正在住院接受治疗，但是医生们对海恩并不抱太大的希望，因为海恩的身体状况非常不好。有的医生甚至认为，海恩的癌症已经没有治愈的可能了，海恩极有可能因癌症而丧命。

虽然医生们并没有告诉海恩她病症的真实情况，但是海恩可以从医生们的态度中感受到，她的癌症已经没救了，医生们似乎也放弃了她。

在一次偶然的情况下，海恩遇到了一个心理专家，这位心理专家建议海恩试着从心理的角度去战胜癌症。但是心理专家也告诉海恩，他并没有十足的把握会治好海恩的癌症，只是建议海恩试一下。

其实，心理专家的治疗方法也很简单，即自我暗示。于是，海恩就在心理专家的指引下，进行自我暗示。心理专家让海恩把癌症想象成一条毒蛇，然后把自己身体的免疫力想象成不畏挑战的、勇敢的英雄。这个英雄每天都在和毒蛇进行斗争。在许多次的斗争中，免疫力英雄总会取得成功。

这样的自我暗示海恩坚持了很长时间，于是奇迹发生了，海恩体内的肿瘤居然缩小了，这说明癌细胞已经不再威胁海恩的生命了。海恩继续坚持自我暗示，一年之后，她的病情明显好转了。

自我暗示往往具有意想不到的效果，会对一个人的心理状态产生巨大的影响。在进行自我暗示的时候，实际上就是持续不断地进行自我命令，这种命令是一种内部语言。如果长时间进行自我暗示，那么就会形成一种习惯。这种习惯可以使一个人的某种态度和思维产生最直接的反应，进而可以影响到人的身体和行为。

自我暗示还是心理治疗中经常会使用到的有力武器，尤其是在进行催眠治疗的时候。催眠疗法从某种程度上来说，其实就是暗示的力量在起作用。

既然暗示有这么大的力量，我们就可以把暗示当成一种情绪调节的方式。但是暗示也会起到两种截然相反的作用，一种是积极的，另一种是消极的。

习惯决定一个人的性格，性格决定一个人的命运。由此可见，习惯对人的影响有多大。但是习惯和暗示一样，也有好坏之分。好的习惯可以成就一个人，坏的习惯可以毁灭一个人。我们可以把积极的自我暗示和好习惯联系起来。

在一个人遇到不如意的事情时，总是会给自己积极的暗示，时间长了就会变成一种习惯。于是，他就会养成积极看待问题的习惯，这不仅会对一个人的情绪产生良好的影响，还会让这个人获得内心的安宁与快乐。

一艘开往英国的轮船，由于遇到了暴风雨，船上几百名乘客的性命都受到了威胁。许多人开始慌张起来，这艘轮船上弥漫着一种悲伤的氛围。

但是，许多乘客却意外发现，一个老太太表现得十分镇定。有人好奇地问老太太，为什么她一点儿也不恐惧？

老太太回答说：“我的大女儿去年已经去见上帝了，而我的小女儿就在英国。如果我不能活下来，我就可以去上帝那里见我的大女儿；如果我活下来了，我就会在英国见到我的小女儿了。”

积极的思维方式一旦成为习惯，进而转变成一个人的态度时，就会使这个人得到彻底的改变。一个人拥有了积极的思维模式之后，他自然就不会被负面情绪所干扰。即使有负面情绪，也会被积极的态度击败。

**图书在版编目（CIP）数据**

心理学与情绪控制／李娟娟著．—5版．—北京：中国法制出版社，2021.10

ISBN 978-7-5216-2125-9

Ⅰ.①心… Ⅱ.①李… Ⅲ.①情绪-自我控制-通俗读物 Ⅳ.①B842.6-49

中国版本图书馆CIP数据核字（2021）第174476号

责任编辑：杨 智　　　　封面设计：周黎明

**心理学与情绪控制**

XINLIXUE YU QINGXU KONGZHI

著者/李娟娟

经销/新华书店

印刷/三河市紫恒印装有限公司

开本/710毫米×1000毫米 16开　　　　印张/12.5 字数/210千

版次/2021年10月第5版　　　　2021年10月第1次印刷

中国法制出版社出版

书号 ISBN 978-7-5216-2125-9　　　　定价：39.80元

北京市西城区西便门西里甲16号西便门办公区

邮政编码：100053　　　　传真：010-63141852

**网址：http：//www.zgfzs.com**　　　　**编辑部电话：010-63141836**

**市场营销部电话：010-63141612**　　　　**印务部电话：010-63141606**

（如有印装质量问题，请与本社印务部联系。）